走出自愛迷思，愛真實的自己

◆在神內活出完整的身分和價值

You're Not Enough (And That's Okay)

Escaping the Toxic Culture of Self-Love

艾莉・貝斯・史塔姬——著
周明芹——譯
Allie Beth Stuckey

僅將此書獻給我的先生，他對我的信任改變了我的人生；
也獻給我們的女兒，她是我們珍貴的禮物。

目錄

—專文推薦—

自愛不該是你自我救贖的解方

心欣城市教會牧師 王秉韻

前一陣子收到朋友送的一份小禮物，包裝上寫著：Don't forget to love yourself。類似這樣的小標語出現在許多的地方，傳遞著好好愛自己。這樣的信息似乎暗示著：沒有人會真心的好好愛你、在乎你，只有你自己值得你信任。

的確，這個破碎、彼此傷害的世界，人與人之間的愛，常常被放在天秤上，彼此估量著誰付出的多？誰得到的少？「好好愛自己」的思維，企圖為避免受傷和吃虧提出解方，但這帖藥服用下去，竟使得我們更加感到孤獨，並眼睜睜地看著，全球年輕男女之間的對立日趨嚴重（參 2024.3 英國經濟學人 *The Economist*）。因此，作者一針見血的戳破，「好好愛自己」的美麗謊言，她切身的經歷與對文化細膩的觀察發現，人對「自愛」的追求，不但沒有帶來滿足感，反而會沉溺於追求自我的完美；因著人永遠無法完美，所以永遠無法滿足，追求「自愛」，最終陷入一個令人筋疲力盡的循環。

基督信仰的群體已然受到自愛文化的影響，最常被引用來合理化「自愛」的聖經經文，莫過於「愛人如己」，那些叫人聽起來舒心的解釋：先好好愛自己，才能好好愛人，其實是錯誤和扭曲的。作者指出，「愛人如己」的「如己」，不是在教導信徒，「以自我為中心」的自愛，反倒是在警戒信徒：本性自私的我們，會以自我滿足、自我保護與自我辯護，作為一切行為的內在驅動力。愛人如己的這句經文，是在強調基督徒關愛他人的重要性。筆者相當欣賞作者的這個核心觀點，這無疑是一棒打醒孤獨的現代人！

人們不敢愛、不願信任，以為好好愛自己和專注於自己，就能救贖自己，免於受傷和獲得成功；但事實是，人們越來越孤單，越來越不快樂。因著只信任自己，人們也無法相信超越肉眼可見的上帝，切割了與造物主的關係的人類，想要從自身找到力量來安頓自己，是完全不可能的。因為造物主在創造人類時，就已經把永恆安置在人的心中，聖經傳道書 3:11 說：上帝造萬物，各按其時成為美好，又將永生安置在世人心裡。上帝是永恆的，人是有限的，上帝樂於將永恆與人分享，因此，每個人的內心都有一個空缺，是除了上帝，沒有任何的人、事、物能夠填補那個空位，就連「自己」都不行。

如果連「自愛」都不能滿足和治癒自己，那麼，漂浮的人生將航向何處？作者在書中釋放了一個奧祕：在日光之上的視野與運作中，有一位祂者是可以全然的信靠。即使你不完美，祂卻已經全然愛你，祂的愛足以使你完全的放鬆和擁抱自己的不完美，你無需再費盡力氣地自我救贖，祂的愛足夠使你乾涸的生命得著滋潤、靈魂全然甦醒與旺。深願你在書中覓得那已經顯明於你的奧祕，遇見那以永遠的愛、愛你的祂。

推薦人小檔案

王秉韻牧師，成長於破碎暴力的家庭，對世界充滿敵意，卻在20歲時認識基督信仰，開始相信「愛」，踏上醫治復原的旅程，學習接受愛和給予愛。

心欣城市教會、101教會與「跨越」平台牧師，及GoodTV講員；中華福音神學院教博班進修中。

—專文推薦—

是時候卸下追求完美的重擔

喜樂心理諮商所所長 郭珮婷

現代社會中，人們對於「自我接納」與「自愛」的追求達到了前所未有的高度。然而，這樣的文化卻往往將我們引向一條內耗的道路，使我們變得需要「更努力」追求幸福與滿足，好像沒有止盡的感覺。本書深入探討了這種「自愛文化」的迷思，以犀利的觀察與深刻的洞見，帶領讀者重新審視自我價值的真正來源。

在我的實務工作中，我有幸陪伴過無數面臨困境的人們。無論是兒童、青少年、成年人，我看見他們因人際關係、家庭關係、親密關係、親子關係、工作職場關係，渴望和諧美好而自我苛責，甚至感到深深的孤立與失落。而這些經驗讓我更加體會到真正的療癒，往往不在於「更多的自我」，而是在於我們是否能夠謙卑地接納自己的有限，並從更高的力量中汲取安慰與指引。

作者以簡潔而有力的文字，挑戰了當代「你已經夠好了」的迷思，指出：我們並非靠自我就能滿足自己的需求，而是需要依靠全能的神，祂的大愛與恩典才是我們生命真正的力量與歸宿。我深信真正的成長與轉變，發生在我們願意面對自己的不足時。

透過遊戲治療、沙盤治療、焦點解決與敘事治療等專業方法，我見證了許多孩子在面對創傷時如何自我覺察與消化，接納現實生活中的不完美與傷害，面對自身的軟弱痛苦與難受，願意信任心理師的陪伴與鼓勵，感受諮商中的溫暖與慈愛，願意再給自己機會，找到重新出發的勇氣。本書鼓勵讀者卸下追求自我完美的重擔，並以一顆謙卑的心，從祂的愛中得到智慧、滿足與平安。本書所提出的核心觀念，與我的工作理念不謀而合。

如同《以賽亞書》30章15節所言：「你們得救在乎歸回安息；你們得力在乎平靜安穩。」我希望每位讀者都能透過本書的文字，找到生命真正的力量源泉，並在不完美中感受到上帝完美的愛。

推薦人小檔案

郭珮婷　喜樂心理諮商所所長／諮商心理師／督導

成為諮商心理師是回應神對我的呼召，我選擇致力於發展兒童青少年心理諮商領域。畢業後一直在國中國小參與友善校園計劃，服務有需要協助的兒少，因著兒少議題，接觸民間社福單位與政府單位的心理輔導與心理創傷復原工作，成為新北市家防中心、台北市家防中心、大安與文山婦女支持培力中心、伊甸基金會、勵馨基金會、善牧基金會、新北市家扶中心、基隆犯保協會等多個單位的特約心理師，多年後發展培訓新手助人工作者業務與擔任專家學者出席個案研討會，提供專業評估與分享。

神的帶領與祝福，在因緣際會下成立喜樂心理諮商所，宗旨是以基督的愛為基礎，落實社區諮商的精神，貼近人群，幫助有需要的人，透過心理諮商使人獲得創傷療癒，可以超越困境，得著內心真喜樂與盼望。

引言

當我七歲時，我就想過跟隨布蘭妮・斯皮爾斯（Britney Spears，譯註：華語區也稱為小甜甜布蘭妮）的腳步。我的父母不讓我買她的CD（「她是在叫人打她嗎？」），但我在朋友家聽過許多她唱的歌曲，因此我知道我想做她所做的事情。放學後，我會花好幾個小時在房間裡練唱，根據手提收音機所播放的歌曲編舞。我確信我已經具備了成為歌手所需的能力。

正如你可能已經猜到的那樣，事情並沒有朝著那個方向發展。事實證明，實際上你必須擅長唱歌和跳舞，才能成為一名歌手和舞者。我最終面對一個殘酷的事實，我永遠無法擁有足夠的本事，在音樂影片中，穿著紅色皮革連身褲，綁著高馬尾辮子，盡情搖擺。要接受這個事實很困難，但我能面對現實。

我猜你也有類似的故事。你有自己瘋狂的志向，但有一天卻意識到，當你和媽媽一起在美國老鷹（American Eagle）購物時，泰拉・班克斯（Tyra Banks）不會在商場發掘你，邀請你參加下一季美國超級名模生死鬥（*America's Next Top Model*）的節目錄影。

當我們小的時候，都有著令人驚訝的自信。我們還沒有完全的自我意識，對失敗的可能幾乎毫無概念。因此，我們不怕尷尬地表達我們的夢想，也不怕夢想無法實現。這種自信是孩子們美好魅力的一部分。隨著成長，當我們開始自然而然地將我們的計畫與我們的實際潛力趨於一致的過程中，這樣的自信必然會消失。

我想讓你想像一下，如果我們*沒有*經歷這個過程會是什麼樣子。如果我們堅持小時候那個不可能實現的夢想，無論後果如何，終其一生去追求它們，結果會如何呢？我會在 Instagram 上銷售我最新原聲翻唱歌曲《中你的毒》（*Toxic*）的迷你專輯（EP），而你還在父母家學習如何對著鏡子化妝。那都不會是件好事。

隨著年齡的增長，我們應該告訴自己一些困難的事情。我們應該長大，評估自己的優勢，做我們不想做的事情，意識到我們不如想像中那麼特別。我們應該走出家門，不要自以為是，創造一個富饒和有意義的生活。我們對自己的信心應該從青少年的盲目崇拜，轉變為腳踏實地的認知。

我們在青春期的某個時刻，都會接受的一個事實是，我們不具備做某件事所需的條件。換句話說，我們還不夠優秀。我們沒有足夠的天賦、足夠的智商、足夠的協調性或足夠標緻的臉蛋來達成我們確信最終會達成的事情。正視我們的不足，對於我們適度的成長至關重要。

所以我覺得當今我們女性不斷地被灌輸：「你已經夠好了」的這句話是不明智——而且非常危險的。這個龐大網絡由生活風格部落客（bloggers）、勵志演講者、健身專家和精神嚮導雪巴人（Sherpas）組成，每天都在我們的手機上傳播這一訊息。我們對孩子、工作、丈夫、上帝和對自己來說已經夠好了。我們聽到的是，我們原本的樣子就很完美，沒有什麼需要增加或減少的。

我們都知道這句話不是真的。早在當我們放棄成為流行歌星的夢想時，就意識到了；而今日我們以不同的方式，再度意識到這一點。就像我不足以成為下一個布蘭妮一樣，我也不足以扮演其他角色，即使那些角色是如此地真實。我還不足以立即成為需要扮演的一切角色：一位好母親、一位成功的作家、一位現任妻子、一位可靠的朋友及一位虔誠的基督徒。要我認為自己足以勝任這些角色，就像你身高五英尺二英寸（約一百五十八公分）想成為伸展台的模特兒一樣瘋狂。我們可能有能力做好其中大部分的事情，這也與自身才能有關；但這一次，我們談的不只是關於天賦的問題。

我們沒有足夠的時間或精力來滿足周遭世界所需的一切。當達不到自己或他人的標準時，我們就會陷入自我厭惡（self-loathing）和不安全感中。為了麻痺痛苦，我們打開 Instagram，瀏覽幾分鐘，點擊我們最喜歡的自助（self-help）部落客、查看最新貼文，上面寫著「你已經夠好了。」

啊，那些貼文為疲憊的心靈帶來安慰。當我們讀到她所寫的標題時，心中充滿了溫暖的感激之情；她提醒我們，我們是堅強、有影響力、有能力的女性，我們的夢想很重要，我們的妊娠紋很美麗。我們不僅是孩子們所需要的母親和丈夫所需要的妻子，而且我們現在的樣子就已經很完美和出色了。這麼說真的是「太正確了」，我們心想，「我正是如此！」

我們只有片刻感到安慰。下一秒，當看著監示器，看到本該熟睡的孩子在我們把他放下後幾分鐘又開始扭動身軀，或想起明天要交的報告還剩下大約十五頁尚未完成，或者照鏡子看到自己討厭的身體時，我們的自信很快就會消失。

我們當中的許多人發現，自己每天都處在這樣的循環：感到精疲力竭，從膚淺的來源尋求鼓勵，然後感覺好一點；但幾個小時後，卻覺得更糟。這正是陷入我所說的有毒的自愛文化（the toxic culture of self-love）所帶來的後果。

自愛文化告訴我們，我們已經夠好了。而且，除非我們愛自己，並意識到自己已經夠好，否則生活中沒有什麼是符合要求的。我們被告知缺乏自愛就是我們還沒有創辦那間我們一直在考慮要成立的公司的原因。這就是為什麼我們會選擇跟一個並不是真正想要在一起的人安定下來。這就是為什麼我們還沒有減重、買車或做一直夢想要做的事情。因為我們的自尊心（self-esteem）低落，總是與自我懷疑（self-doubt）奮戰，並且無法戒掉那種令人上癮的自我批評（self-criticism）的習慣，所以我們無法過上我們應該過的生活。

舞者兼演員茱莉安・哈克（Julianne Hough）是這麼說的：「無論發生什麼事，

我認為每個女孩都需要愛自己。比如，如果妳今天過得不好，如果妳不喜歡妳的頭髮，如果妳沒有最好的家庭狀況；不論如何，妳都必須愛自己；除非妳先愛自己，否則妳什麼也做不了。人們認為，我們所有的成功都取決於自愛。

我主持了一個名為共鳴（*Relatable*）的播客（Podcast）節目，從基督教的角度分析文化、新聞及神學。兩年前，一位聽眾請我製作一集講述聖經對自愛的看法。當時，我並不知道這個詞彙如此廣受歡迎，我熟悉自助，也知道女性被灌輸自我培力（**self-empowerment**）和獨立的訊息；但我不知道愛自己的想法在我們的文化對話中已如此地不可或缺。

很快地，透過研究我發現，幾十年來，自愛一直是個熱門的話題。近半個世紀的心理學一直致力於將高自尊視為解決社會問題的方法——從學業失敗到犯罪。這讓我想知道：如果自愛不是一種新現象，如果幾十年來我們一直被教導，只要更加愛自己和更有自信，我們的生活就會變得更好，為什麼它還沒有流行起來？為什麼我們沒有都感到更快樂呢？

我們似乎比以往任何時候都感到更不快樂。四十歲以下的美國人比我們之前的任一世代都感到更加沮喪、焦慮、孤獨和具有自殺傾向。根據調查報告顯示，我們缺乏目標的感覺也比其他任何世代都更為強烈。我們是孤立的，也不確定在一生中想要做些什麼。我們當中的許多人都感到空虛。

這並不是因為缺乏自我關注（self-focus）。自從我們有記憶以來，大多數人就一直是自己宇宙的中心。我們最珍貴的資產，在它們的名字之前，都有我（i）這個字母。我們處在一個將重心放在「關於我」的區間裡、著重於個人檔案和自拍的世代。我們非常熟悉即時滿足感，開始期望能夠個人化我們的體驗。我們非常關注於我們自己和我們的需求。我們花幾個小時研究我們的星座和性格類型，努力獲得自我理解，希望能為自己帶來引導和內心的平靜。與我們的父母和祖父母不同，我們永遠致力於尋找想要的職業，而不只是接受一份需要的工作。我們活在一個「人人都有獎賞」的世代，人們經常只需要出席就能獲得獎勵。總而言之，我們的生活，無論好壞，都圍繞著我們自己打轉。

當談到致力於比我們自己更偉大的事情時，我們當中的許多人都不願意。皮尤研究中心（Pew Research）二〇一九年的一項民調中發現，千禧世代是「無宗教信仰者」

占美國人口比例最多的一個世代，篤信基督教信仰的人數遠遠落後於我們的前輩。[1]同年，從美國全國廣播公司（NBC）／華爾街日報（*Wall Street Journal*）的一項研究發現，年輕的美國人比老一輩人更不關心信仰、家庭和愛國主義。

我們一生都優先考慮自己，關注於我們的需求和我們的幸福；然而，你猜怎麼著？我們仍然不快樂。那麼，當沒有任何證據顯示我們曾經停止愛自己，自愛到底怎麼可能是我們解決問題的答案呢？

這些都是我在研究自愛文化的普及性時所考慮的問題。我開始懷疑：也許我們的幸福並非遏制我們不夠愛自己的事實。也許我們沒有成就感、孤獨和漫無目的，是因為我們太過愛自己了。是的，我們之中的許多人都沒有安全感，甚至感到自我厭惡。但這些都只是自戀（self-obsession）的其他指標。即使不喜歡自己，我們永遠把自己的願望、需求、問題和夢想放在第一位，這就證明了我們仍然非常愛自己。

經過幾個月的研究，我在希爾松教會（Hillsong Church）的動態中看到了一段影片，美籍模特兒、社交名媛海莉・鮑德溫・比伯（Hailey Baldwin Bieber）在影片中為她的信仰作了見證。她在見證時說，「我認為每個人都有過那種感覺，覺得自己就某件事或對某個人而言，自己的條件是不夠好的……然而……你已經夠完美了，因為上帝花時間創造了〔你〕，並將你放在這個地方。」

我認為，就是這種說法。這就是年輕女性相信的那種自愛文化的基本謊言。甚至連年輕的女性基督徒也相信那句「你已經夠好了」的謊言。

你已經夠好了的想法就是自愛文化的核心。邏輯是這樣的：因為你是完整的、完美的，而且擁有自己便已足夠，所以你不需要別人來愛你就能滿足。你需要的只有你自己。

我完全理解這種想法的吸引力。確實，我們很渴望別人的認同和接納。我們變得心煩意亂，脫離了重要的事情，例如我們的家庭、友誼和工作。我們不但沒有好好扮演自己的角色，反而專注於其他人扮演的角色，及他們如何完好地呈現這些角色。的確，我們不應該完全依賴他人來獲得快樂，也不應該以他們的認可來定義我們。在理

1. Becka A. Alper, "Why America's 'Nones' Don't Identify with a Religion," in Pew Research Center's Fact Tank, August 18, 2018, https://www.pewresearch.org/fact-tank/2018/08/08/why-americas-nones-dont-identify-with-a-religion/.

解這些事後，就覺得用「我已經夠好了」這樣的口頭禪來安慰自己是正確的。也因為我已經夠完美了，我們可以告訴自己，我只需要自己的愛就能獲得安全感和成功。

但問題是：我們的自給自足並不是解決沒有安全感的答案，自愛也不是我們自我厭惡情緒的解藥。

為什麼呢？因為自我不可能既是問題又是解決方案。如果我們的問題是我們沒有安全感或沒有成就感，那麼我們就無法從缺乏安全感和恐懼根源的我們中，找到這些事情的解藥。

我們的自愛不足以讓我們擁有自信。我們的自給自足不足以帶給我們內心的平安。在我們繼續下一個自我提升計畫之前，我們的自我關懷、自我培力、自助，以及任何關於自我的事物只會帶給我們許多正能量。但光有自我是不夠的——就這樣。

我們感到人生沒有目標和空虛的答案，不在我們身上，而在我們之外。解決我們問題和痛苦的方法不在自愛，而在上帝的愛中。

這位創造了我們、創造了宇宙的神，從昨天到今天，一直到永遠都是同一位神，祂為我們提供了我們所尋求的目的和滿足感。自愛會耗盡，但神對我們的愛卻不會。

祂以差派耶穌為我們的罪而死亡，向我們顯示祂對我們的愛，好讓我們的罪得到赦免，永遠與祂同在。因此，自愛是膚淺而短暫的；神的愛是深刻且永恆的。

祂的愛迫使我們去做比自戀更好的事情，那就是：自我犧牲（self-sacrifice）。雖然在自愛文化中，將他人置於自己之上的想法被認為是種褻瀆，但對於那些追隨上帝的人來說，這是一種快樂的運作方式。上帝的愛使我們自由並賦予我們力量，讓我們先考慮並服侍他人，而不是優先把自己放在第一位。

這是我在播客節目裡，談到主題為「基督徒女性相信的三個迷思」中，所提出的一個論點。第一個迷思就是你已經夠好了。我對此的立場是這樣的：你還不夠好，你永遠都不夠；但這沒關係，因為有神就夠了。

我強調〈以弗所書／厄弗所書〉[2]中的這段經文：「從前，你們因着自己的過犯罪惡而死了……然而，上帝有豐富的憐憫，因着他愛我們的大愛，竟在我們因過犯而死了的時候，使我們與基督一同活過來——可見你們得救是本乎恩。」我們是道德敗

2. 編按：本書聖經章節及專有名詞以基督教和合本聖經為主；專有名詞首次出現時，對照天主教思高本聖經翻譯。

壞的、無助的、在靈裡是死去的，但神，透過祂的大能拯救了我們，使我們成聖，使我們活在基督裡。我們不只是「不夠」；而是光靠我們自己，我們什麼都不是。但上帝卻是我們的一切。

這一集引起了迴響。令我驚訝的是，有成千上萬的女性在不知情的情況下相信了這個及其他常見的謊言。節目播出後的第二天，一位聽眾寫了封電子郵件給我：

「我一生都活在自我厭惡的掙扎中。這種自我厭惡來自許多方面：我小時候破碎的家庭，我需要成功才能得到關注……這樣的例子不勝枚舉。我在大學時成為一名基督徒，從那時起，我讀了無數基督教作家的書，書籍內容試圖告訴我，如何『解決』問題並『滿足』需求。那些訊息都大同小異，像是：因為耶穌愛我，因此我只需要更愛自己，而且我原本就夠完美了……你的播客節目讓我大開眼界。誰知道我最需要聽到的只是，『你還不夠，你永遠都不夠。**除了上帝以外？**』」

類似的訊息大量湧進我的收件匣。然後我意識到，自愛的文化及其核心謊言「你已經夠好了」，不僅僅是一個像病毒般廣為流傳的影片，它已成為一種心態，對我們許多人都造成困擾。

許多年輕女性正在尋找其他的替代方案。她們的理由充分：自愛的文化令人精疲力竭。當我們告訴自己已經夠完美的時候，我們會繼續閱讀下一本書，收聽下一個播客節目，或遵循下一個十步驟的計畫；透過找到「最好的自己」，來幫助我們意識和展現已經足夠美好的一面。但如果我們真的已經夠好了，我們就不必那麼努力地說服自己，這是真的。

我們正在尋找一種能向我們展示如何利用自愛作為打開我們內在才華和成功寶藏箱鑰匙的方法或祕密通關語。但每次我們嘗試時，鎖的密碼都會改變。今天，我們認為冥想可以讓我們實現目標。明天，可能是水晶石會起作用。下週，也許整理我們的衣櫃會達成目的。之後的一週，或許是戒掉加工食品能有所幫助。如果這些都起不了作用，那麼我們就會尋找一本新書或新的播客節目，來為我們提供最新、最佳的自愛策略，這一次，我們可以確信，這最終將幫助我們實現最真實的自我，幫助我們過上最好的生活。

我們沉迷於這種遊戲的刺激性。令人興奮的是，這種思維轉變可能真的會改變遊戲規則。

但瞬間即逝的興奮很快被失望所淹沒，我們採用的方法都不是長期有效。再多的瑜伽練習、燃燒再多的神聖草藥、能量轉換、性格測試、精油使用、整理衣櫥、準備美食、美化臀肌練習，或者提倡自愛主張的明星們提及你所需的任何外在事物，最終能讓你真正地對自己感到滿意；但這些終究都將無法說服你，你已經夠完美了。因為你並不完美，而我也不完美，但這並沒有關係。

首先我想釐清這個觀點：當我談論到自愛的破壞性影響或自我照顧所造成的內心空虛時，不是在鼓勵自嘲或因我們做出這樣的決定而感到羞恥。這本書是關於為什麼世界對我們真實的自我懷疑、自我厭惡、自覺無能和沒有安全感的答案是不夠充分的，以及上帝的解決方案如何優於世界所給予的答案。

這本書是關於一個*好消息*。雖然承認自愛不能滿足我們可能會讓人覺得有悖常理（這肯定也是反文化的），但這帶給我們巨大的解脫，我們可以卸下那種試圖在我們內心喚起一種在生命需求的重壓下所無法承受的愛的重擔。我們必須仰賴一位至高無上的上帝來滿足我們的需要、給予我們信心、成為我們的嚮導，以及給予我們人生的目標。

這本書是關於破除自愛的有毒文化向我們灌輸的謊言，並用上帝的真理取代它。我們將深入探討這五個迷思：

1. 你已經夠好了
2. 你決定你的真相
3. 你原本的樣子就是完美的
4. 你有權實現你的夢想
5. 除非你先愛自己，否則你無法愛別人

你可能已經聽過這些在自愛的世界中所傳播的受人歡迎的口號，雖然它們表面上聽起來很鼓舞人心，但它們只會導致令人混淆和絕望的局面。就像我們放棄童年的那些夢想需要面對自己的殘酷現實一樣，接受現在的我們能力有限的滋味實在令人難受。當我們這樣做時，自給自足的幻象將會消失，隨之而來，「你已經夠完美了」─承諾的虛假希望也會跟著消散。每當放棄虛假的希望並以真實的希望取而代之時，我們就會成長一點。這就是本書的目的：讓我們將令人滿足的希望寄託給上帝，取代我們自己內心空洞的盼望，從而幫助我們成長。

我透過艱難的方式學會了如何做到這一點。

迷思

#1

你已經夠好了

我想變得夠好

她將身體向前傾，坐到椅子邊緣，對我說：「你會死的。」她將雙肘頂在膝蓋上，雙手緊握，彷彿在祈禱。「這將會要了你的命。」

我知道我有問題，但我不想承認問題很嚴重，我就是無法戒掉把飯菜吐出來的習慣。一開始我限制卡路里攝取，並每天健身兩次，結果變成一個暴飲暴食和清空腸胃的循環，儘管努力嘗試，但我無法擺脫這個習慣。

這個習慣已經開始影響我的生活了。比如，我會在一家餐廳裡，剛吃完晚餐，卻無法享受與朋友的談話；因為我在想，我好想吐出剛吃下去的食物。有一次，我在參加一個工作研討會時向同事撒謊，說我需要回房間拿個東西，這樣我就能回房間催吐。還有一次，有個朋友在浴室裡發現，我的頭在馬桶上；我以為她在樓下，她走進來問我還好嗎，我說我很好，她沒有強迫我解釋，但她知道我在說謊。

我想停止這個循環，這令人難為情，也讓生活很不方便。不僅如此，這不是我想成為的樣子；我從來沒有因為任何形式的成癮而感到掙扎。那年之前，我也從來沒有透過極端努力的方式來減肥。但此刻，我在一個諮商師的辦公室裡，聽著我所做的事會要了我的命。

大約在一年前，我經歷了一次痛苦的分手。當時我和一個符合我所有標準的男生約會了兩年半：一個來自良好家庭的基督徒，有忠實可靠的朋友圈以及良好的性格。我們在大一那年相遇，我認定他就是我要共度一生的那個人；但兩年後，我們的交往變得不穩定，我們兩人都對這段感情產生了懷疑。但我決定堅持下去，因為我確信，我找不到比他更好的人了。

在大四的秋天，他和我分手了。雖然很傷心，但我不想悲傷地度過大學最後一個學期；所以我反彈了——但不是以一種好的方式。

我開始頻繁地參與社交活動跟酗酒。這是大學生涯中第一次單身，我有很多新的約會機會。我和我認為喜愛參加「派對」的朋友們一起出去玩樂，他們也歡迎我的加入，鼓勵我在大學最後一年結束前的這幾個月裡，好好享樂。這一切新的體驗都有助於麻痺我的痛苦。

我每天花數個小時健身，限制攝取的卡路里。我減掉的體重越多，喝的酒就越多，關注我的男性也跟著越多，我就越容易忽視分手留給我：我不夠好，那揮之不去的恐懼。

情況變得更糟。最終，我太想念食物了，以至於無法繼續不進食，所以我又開始吃東西，但一小時後就吐出來了。起初，每週只有一兩次，然後它變成了我無法戒除的癮。我開始暴飲暴食。但當這樣做時，我會感到內疚，並害怕我會失去健身和限制卡路里所得到的所有「進步」，所以我會儘快擺脫吃進去的食物。

時間很快地往前推進，到了大學畢業後的幾個月，我在新的城市裡找到一份新工作，然而，我被困在同一個循環裡。我仍然和男生們交往、喝太多的酒，仍在飯後催吐。但我開始覺得再也跟不上自己成癮的速度，而且，老實說，我有點擔心。我以為我在學期結束後有能力結束這一切，但我辦不到；這「時期」正在變成我的現實生活。對我來說，在大學裡「玩得開心」是一回事，但我不能接受這種行為成為*我現在的樣子*。

因此，有一天早上上班時，我撥打了一個我在當地教會網站上所推薦的基督教諮商師名單上找到的電話號碼。我認為這個過程很簡單：我會得到一些關於如何過上更好的生活的技巧，以及一些可以打破這種暴飲暴食成癮的口號或心理戰術。

我相信當今廣為流傳的資訊所說的：你內心已經擁有解決問題所需的一切。雖然外在的工具，例如某些療程、藥物治療、冥想、瑜伽、催眠或水晶等可以幫助釋放你與生俱來的健康和幸福潛力，但你最終會被你天生擁有的內在力量治癒。然而這並非事實。

《青少年時尚雜誌》（*Teen Vogue*）很少發表有用的文章，但二〇一九年七月，其網站發表了一篇富有洞察力的評論專欄，批評現代健康文化，標題為「被診斷出患有慢性病教會了我，健康不是一種菁英管理（Meritocracy）」。作者寫道：

「女性已經習慣相信身體就是我們的自我價值，而我們的身體處於自己的控制之下。正如健康文化讓我們相信的那樣，健康是一種菁英管理制度，在這種管理系統下能『補給』你的身體跟『排毒』，而持有水晶可以讓你飛向巔峰。」

她的纖維肌痛症使她衰弱，讓她知道再多的自我照護都無法完全治癒她。在治療疾病的道路上，意味著她將依賴他人，並非靠自己就能痊癒。她意識到，無論是治癒精神還是身體，都不是透過釋放我們內在的力量就能快速解決。

我們還不足以治癒自己。這不是說自然療法和正向思考完全無效；我的意思是，我們的內在並沒有與生俱來的神祕力量，得以解決我們生活的問題或治癒我們身體的疾病。

我在我的諮商師辦公室學到了同樣的教訓。雖然我跟她聯繫是因為我知道我需要幫助，但當我們開始時，我以為這是個自我培力的過程。我以為她會給我一把鑰匙，讓我開啟自己內在的能力，然後我就能停止酗酒，擺脫不健康的關係，戒除暴飲暴食和催吐的習慣。

我是當今主流資訊下的產物。雖然經歷一個混亂的學期應該讓我領悟到「做自己」會走向死胡同，但我不想放棄控制權，也不想讓自己從自我的世界中脫離出來。我仍想相信，有自己就足夠應付一切。

但諮商課程並不像我想的那樣簡單或專注於自我培力。起初諮商師只是傾聽，然後在幾週的時間裡，她幫我剝去了我用來掩蓋被拒絕的刺痛和對孤獨恐懼的層層防禦和錯覺。她幫助我體認到，我所有行為的背後，隱藏著對自己不足的極端恐懼。我從新朋友和新歡中得到的關注，讓我對被交往多年的男友拒絕感到好受一些；而且我說服自己，維持清瘦是讓我能交到這些新朋友和新歡的原因。如果失去了我努力所達成的「進步」，我就不會再被需要或接受，我也將不得不面對被拒絕的痛苦。這意味著我必須回答一個我並不想問的問題：有我自己就足夠了嗎？

我知道我還不夠配得上我想嫁的那個人，所以我想做到至少對我自己來說是夠完美的。我會藉由做那些讓我當下感到快樂的事情，來證明我自己也可以過得很好。然而當那些曾讓我快樂的事情最終讓我感到苦不堪言時，我仍然認為我有能力可以重新掌控自己的生活，讓自己走上正確的道路。

很明顯的，我並沒有能力讓自己走上正途。實際上我被我的生活方式所奴役；我對自己有所不足的恐懼助長了那些成癮的習慣，那些習慣也讓我變得更糟糕。在大學最後一個學期之前，我信奉基督教並過著奉行教義的生活。但分手後，我把信仰暫時擱置一旁，轉向「專注於自己」。我擔心如果我在分手後轉向上帝，當祂在治癒我的同時，會讓我沉溺在悲傷中，我只是沒有耐心忍受悲傷。分手讓我太痛苦了，我想快速地從痛苦中解脫，即使解脫只是短暫的。

我很感激那位諮商師將我帶回上帝和祂的**話語**面前，並告訴我，我所做的不僅是有罪，而且是危險的。在和她見面的幾個月後，她說的四個字——「你將會死」——讓我停下了腳步。

那次會面之後，我坐進我的車裡，雙手抱頭，忍不住放聲大哭。我向上帝哭喊著許許多多的問題：**我是怎麼來到這裡的？我該如何停止？我辦得到嗎？我真的能放下這些惡習嗎？如果我這麼做會發生什麼事？祢會和我在一起嗎？祢會幫助我嗎？**

而祂真的幫了我。在那天之後，暴飲暴食的循環就停止了。雖然我知道並不是每個人都有飲食失調的經歷，但這是我的經歷。上帝仁慈地立即賜予了我恩典，讓我擺脫了我原以為能讓我重新振作的事物。事實上，那些事摧毀了我。

我一直沉浸在自愛的文化中：做我想做的事，專注於我想要的事物上，並努力過上我認為「最好的生活」。最終，我的自我中心蒙蔽了我的雙眼，讓我看不見自己對自己生命所造成的傷害。

我不知道你現在面臨了什麼困難，不論比我在大學時所遇到的問題要來得嚴重或不嚴重，我可以肯定地告訴你：你還不夠。就像我一樣，你並沒有治癒自己的能力：從成癮、被拒絕或從憂鬱中恢復過來。你自己想出來解決問題的方法是行不通的，你試圖用更多的自我來填補空虛的嘗試也會失敗。你堅持「做你自己」，只選擇當下感覺良好的事情，這只是延遲痛苦的到來，直到它變成一種沉重的負擔。

要擺脫你目前所處不健康循環的第一步就是，意識到自己有多麼不足。這意味著放下要求自己成為自己成就感來源的責任——因為這種責任從一開始就不在你身上。

有個好消息

世界告訴我們，自愛會解決我們所有的問題，但它並不能。莉佐（Lizzo）是一位受歡迎的藝術家，她對自愛的呼籲使她的品牌具有特色。去年，她在 Instagram 上發布了她一位粉絲的提問，上面寫著：「我怎麼可能聽從偉大的莉佐告訴我自愛有多重要，但不知道是什麼原因讓我仍討厭自己？」莉佐回應說，她目前還沒有達到以自愛解決所有問題，那是因為自愛需要時間。

但那並不是真正的原因。儘管莉佐和她的粉絲們都專注於自愛，但他們都感到不滿足，因為自愛的本質是無法滿足人的。我們的滿足感取決於我們的感受，而我們的感受會根據我們的環境、表現和其他人的意見而不斷改變。自愛是不可靠、有條件的，而且是有限的。追逐自愛總是把我們帶入死胡同。

對我來說，自愛的死胡同就像在諮商師的辦公室裡聽到我將會死去一樣。在大學最後一個學期，我以為我正在做剛成為單身的女大學生應該做的事：透過在每個時刻，做我想做的事來感受「自由」和「找到自己」。我看起來很快樂、很有自信，內心卻在腐壞。我想找到內心空虛的答案，但並沒有找到。

跟我有相似經歷的人大有人在。對於沉迷於個人幸福和自我發現（self-discovery）的一代來說，我們非常不快樂且感到迷失。我們患有憂鬱症、焦慮症和高得令人震驚的自殺率。甚至我們在網路上製作的一夕爆紅的貼文，都強調了困擾我們的問題：社交焦慮、失眠、不安全感、對「長大成人」的恐懼。充其量，我們感到不滿和困惑；最壞的情況是，我們感到完全的空虛。

我們這一代生活在世界上最繁榮的國家、最繁榮的時代，但仍舊找不到成就感的原因是因為，我們在錯誤的地方尋找它。我們不斷聽說，如果我們多愛自己一點，在個人目標清單上完成更多的項目，我們最終會有成就感。但這種策略起不了作用，且讓我們苦不堪言。

我們的絕望之所以加劇，是因為我們已經指出的一個原因：自我不可能既是我們的問題，又是我們的解決辦法。如果自我是我們憂鬱、絕望、不安全感或恐懼的來源，那麼它也就不可能是我們最終滿足感的來源。這意味著更愛自己並不能滿足我們，我們需要其他東西——其他更偉大的東西。簡單來說，我們需要耶穌。

耶穌將自己描述為**活水**（Living Water）和**生命的糧**（Bread of Life）是有原因的：祂能使人滿足。人們對平安和目標的追求，唯有在耶穌裡能停下來。祂創造了我們；因此，只有祂才能告訴我們，我們是誰以及我們為什麼在這裡。

這些不正是每個人都試圖回答的問題嗎：我們是誰？我們為什麼在這裡？在世上對這些問題的答案是「**你**」。你定義了你的身分、你的目標、你的價值、你的真理。耶穌的答案是「**我**」。祂定義了你的身分、你的目標、你的價值、你的真理。

你認為誰才是我們的靈魂所乞求的更可靠來源？耶穌——宇宙的**創造者**——還是我們——我們這群幾乎記不清昨天午餐吃了些什麼的人？

當我們把自己放在生命的寶座上，賦予自己權力來定義我們是誰以及我們為什麼在這裡時，我們不可避免地會像我在大學時期那樣——感到精疲力竭和充滿困惑。為什麼呢？因為如果我們誠實面對自己，我們的答案就是：不知道。我們不知道自己應該成為誰，而我們對自己目標的想法也不斷改變且難以捉摸。我們為自己設定的標準更是變化無常，因此我們對自己是誰或正在做的事情，永遠不會感到完全滿意。

然而，當耶穌坐在我們生命的寶座上時，祂有權柄賦予我們身分和人生的目的，而在祂裡面，這些事情永遠不會改變。在祂的一生，祂樹立了善良和愛的榜樣。祂用祂的死亡償還我們所欠的罪債，使我們能與聖神和好。在祂的復活中，祂戰勝了罪惡和死亡，使那些相信祂的人可以與祂共享永生。

如果我們夠好，就不需要耶穌為我們做這些事，但我們確實有這個需要。沒有祂，我們就處在絕望中，毫無目標，並將在我們的罪惡中死亡。

當耶穌拯救我們時，我們就成為新的受造物，成為神的兒女。因此，我們的目標就是在我們所做的每一件事上榮耀祂。我們再也不必費心去想這到底是怎麼一回事，事實就是如此。祂賜給我們的平安和寬慰，換取了當我們因試圖變得完美而帶來的困惑和疲憊。耶穌給了我們堅定不移的保證和對祂信實的信任，換取了我們淺薄的自信和不令人滿意的自我照顧。

這就是為什麼這個事實，你不夠好，沒關係——而且還好極了。因為你註定不完美，而我也是。

當我們忽視這個真相時，就會陷入一個惡性循環：試圖達到一個完全不可能達成的標準，同時又說服自己，我們目前的狀況已經夠好了。這種惡性循環的後果，總是極端可怕的。

我們自身的終點

我在大學經歷的艱難時期，教會了我很多關於自愛和自給自足帶來的破壞性影響，但我很感激這只是一個短暫的時期。有些人一生都在學習這個殘酷的事實。我經歷了一次分手和隨後的飲食失調，有些人則受到了更嚴重的打擊。

塞西莉（Cecily）的父母在她出生前幾個月離婚。她和她的姐姐與母親和母親的男友格雷格（Greg）住在一起。

塞西莉最初的記憶之一是，格雷格在他們公寓的浴室裡毆打她的母親。年僅四歲的她在走廊上看見他將母親的頭撞向瓷磚牆，還把母親癱軟的身體推倒在地。她記得她當時在想，自己應該跑出去，告訴某個人發生的事情，但她害怕如果這麼做，下一個受害者就是她。

當這對情侶不吵架時，他們就活在自己的世界裡。他們會公開談論他們渴望女孩們離開他們，去和她們的父親同住，這樣他們就不必再照顧她們了。

有一天，格雷格離開了，說他再也不會回來了。那天下午，塞西莉發現她的母親在服用過量的止痛藥後，昏倒在廁所旁的地板上。她的姐姐打電話給她們的祖母並告訴她：母親生病了。警方在一小時內趕到公寓，並搜查了公寓，在浴室櫃子裡發現了數十個空藥瓶。塞西莉當時只有五歲。女孩們被命令她們全部的時間都要與父親一起生活，父親盡最大的努力撫養女兒長大。他帶她們上教堂，幫助她們保持學業成績優異，鼓勵她們全方位發展。他希望她們過上比他和她們的母親更好的生活。

塞西莉愛她的父親，感謝他所提供的穩定生活。但是，她仍在與無法愛她和她姐姐的母親一起生活後的創傷中掙扎。她會徹夜難眠地問自己：*為什麼媽媽不要我了？為什麼我對她來說不夠好呢？*

隨著長大，她學會了拋開這些問題。她在青少年時期，與母親失去了聯繫，生活與之前比起來過得相對輕鬆。她從高中畢業，接著從大學畢業，生活建立在父親辛勤工作為她打下的堅實基礎上。當她二十五歲時，她嫁給了一個她知道會無條件愛她的男人。她的人生第一次感到完整。

塞西莉和她的丈夫在婚後三年內迎來兩個孩子，一男一女。當她第一次發現自己懷孕時，她的興奮很快就被沉重的責任感所取代，她想成為孩子們的好母親，一位比她自己母親更好的母親。這種：要讓這孩子永遠不會有我曾有過的感受——不被需要、不被愛，及我將成為孩子想要和需要的一切。如此充滿焦慮的決心，吞噬了她。

她很快就意識到，這是多麼失敗的努力。他們的第一個孩子患有嬰兒腹絞痛和斜頸症，每天哭鬧五到八個小時，而晚上一次只睡一個小時。由於塞西莉堅持要給孩子她從未從母親那裡所得到的一切，因此她拒絕接受幫助。她不想讓孩子在需要她的時候，想著他的媽媽在哪裡。

她逐漸失去耐性，憂心忡忡且心情沮喪。為什麼她不能成為兒子所需要的一切？她無法安慰他，無法讓他吃得好，也無法減輕他的痛苦。她每天無時無刻都盡心盡力地陪伴他。為什麼這還不夠？

成為母親三個月後，當賽西莉終於覺得自己開始能掌控情況——嬰兒的腹絞痛以及她自己的情緒——她發現自己又懷孕了。這一次，她告訴自己，她不會再這麼手忙腳亂了。她將學會如何滿足寶寶的需求，而她終於對自己有能力滿足他們的需求，充滿信心。

但事情並沒有如她所預期的發生。塞西莉發現要求自己同時照顧一個新生兒和一個一歲大的孩子，幾乎是不可能；她在內疚中掙扎，因為她無法同時給予他們全部的關注。她感到心力交瘁。

她密切關注 Instagram 的頁面，加入了致力於激勵疲憊不堪的媽媽們的臉書（Facebook）群組。她喜歡那些提醒她要掌控自己的生活，並把自己放在首位的貼文。他們給了她一種掌控感，讓她感到欣慰。也許她給家人太多愛了，是時候多愛自己一些了。

因此她試著這麼做。她在網路上與陌生人分享自己的掙扎，那些陌生人告訴她，她應該得到讚美和休息。

媽媽部落客和 Instagram 上有影響力的人告訴她，她的沮喪是因為她已精疲力竭。她太過努力了。她需要擺脫生活中帶有消極情緒以及那些讓她相信自己能力不足的差勁的人。他們向她保證，她已經夠完美了，任何對她持有其他看法的人都是錯的。有人提醒她，她不只是一位母親。她在孩子出生之前的身分也很重要，她需要更愛自己並找回那個身分。他們說，當母親是一個令人挫敗、吃力不討好的工作，所以重要的是，要優先考慮自己其他的追求，讓她感覺到「真實」的自己。

她盡可能採納他們的建議。她花了較多的時間在自己身上——購物、健身、美甲、和朋友們一起晚餐，她相信自己已經開始恢復到頭腦清楚的狀態了；但她很快就發現，她重新獲得的信心並不可靠。有時她感到自己很有能力且充滿自信，但有時又感到自己信心不足和孤單。即使花在照顧自己的時間越來越多，她仍然被身為母親的責任壓得喘不過氣來。在那些昏暗的日子裡，她會向臉書的好友們吐露自己的感受，瀏覽 Instagram 等社群媒體找尋靈感，希望能減輕自己的重擔。焦慮會因此減少，但幾個小時後又會回來。她發現，按照自助大師（self-help gurus）的指示，嘗試愛自己；但實際上這些事情所消耗的精力，比它們所給予的還要多。

經過幾個月的嘗試，也未能讓這些自我培力的訊息有效的改善她的生活，她已經走進了死胡同。有一天，她停車加油，加完油後，她意識到自己把鑰匙和六個月大的女兒一起鎖在車裡了。她淚流滿面，尖叫並敲打著車窗，直到一位陌生人停下來幫她。她開車回到家，意識到自己已經崩潰了。

那天下午，塞西莉想過要自殺。她不知道自己該怎麼照顧她的孩子，但她確實知道有其他人可以比她更妥善地照顧她的孩子。即使在她無法滿足孩子們的需求時，一定有其他人能滿足他們的需要。她一輩子都不夠好——並非是當她母親拒絕接受她的時候，也不是現在。她再也無法面對這一切了。

當自殺的念頭一出現，那個念頭又馬上消失了。她甚至很難相信自己已經走到這個地步。那天晚上，她向丈夫吐露心聲，她的丈夫擁抱了她並為她祈禱。那天晚上，是她在那陣子睡得最久的一晚。隔天早上醒來後，她對自己的意志如此消沉感到震驚。她意識到她讓自己變得痛苦不堪，在她沉迷於自己的幸福時。

接下來的幾週，塞西莉向上帝求助。她又開始讀起了《聖經》——這原本是她每天早上的例行公事之一，但她卻用瀏覽社群媒體取代它。她不斷地祈禱上帝，用新的、以基督為中心的思想，來取代她舊有的、以自我為中心的思想。她相信耶穌會擔負起她，知道她現在所無法承受的重擔。

當塞西莉達到崩潰的臨界點時，她才理解，她要找到平靜，並不是透過克服自己的不足，而是擁抱自己的不足。她意識到是上帝使她不夠完美。她永遠無法得到她和家人所需的一切，也永遠無法贏得母親的愛。再多的自愛或肯定也無法改變這一點。她必須要走出自我來獲取力量，而不是從自己的內在獲取力量。即使她無法達到完美，但她從**造物主**那裡汲取了力量也找到了平靜。

塞西莉不僅試圖讓自己成為足夠完美，也試圖讓自己能滿足別人的需求。她認為如果她能更愛自己，就能為家人創造一個不那麼混亂的生活。然而她的家人所需要的卻超過她所能給予的。

塞西莉走到了自己的盡頭，這也是我們所有人在自我實現（self-fulfillment）和自愛之路上的歸宿。我們渺小、脆弱且能力有限，這意味著我們不具備有完整愛自己的能力。我們僅有的一個慰藉：我們事奉的是一位永無止境的神，祂的信實永不止息。

正因如此，我們能自由地清空自己，而不是用毫無意義的陳腔濫調來吹捧自己，說自己有多麼偉大和令人滿意。我們由一位好牧人帶領，祂承諾我們，永遠不會讓我們乾渴，自始至終保護我們免受危險，帶領我們走上一條平穩和凡事充足的道路（詩篇／聖詠集23）。知道要讓我們自己過得好，並非靠我們自己或周遭的人，是件多麼令人欣慰的事。作為神的兒女，我們有特權「將一切的憂慮卸給上帝，因為他顧念」我們，並讓祂的能力在我們的軟弱上顯得完全（彼得前書／伯多祿前書 5:7）。

無論你遇到什麼情況或遇到什麼困難，都要知道你無法讓那種空虛的痛苦自行消失；再多的自我照顧或自愛也不能讓你擺脫痛苦。即使在你精力最充沛、最討人喜歡的時候，你仍然會發現自己在清晨醒來，被「生活中缺少了什麼」的問題所困擾。

你、你的計畫，以及那些宣揚自我培力的人對你所做出的承諾，對你來說永遠都不夠；然而耶穌卻能滿足你所需要的一切。在接下來的篇章，我們將深入探討上帝賦予目的的人生會是什麼樣子，並細說那些阻礙我們看清這個目的的迷思。

雖然要理解我們就是不夠完美的事實很簡單，但這並不容易。不幸的是，年輕人每天都受到「你已經夠好了」這種謊言的轟炸——而我們當中的許多人，甚至一點也沒有察覺到。

自我肯定的崇拜

我不知道你曾遭遇過或現在正經歷著什麼樣的低潮，但你很可能受到那種我並不太喜歡、稱之為「自我肯定的崇拜」（the Cult of Self-Affirmation）的表面安慰的誘惑——就像塞西莉和我一樣。

自我肯定崇拜由一群自助大師、自我發展專家，還有甚至基督教的教師們串連成的一個無處不在的網絡所組成，他們遍布社群媒體，登上亞馬遜（Amazon）的排行榜和巴諾書店（Barnes & Noble）的書架，充斥在我們許多講道壇上，甚至國會大廳都努力肯定自我價值的至高無上。

如果你遵循自我肯定崇拜的教義，這種崇拜就會承諾帶給你和平與拯救；如果沒有，它就會帶來毀滅。一旦成為自我肯定崇拜的一員，你就必須遵守它的規則。否則，你就出局了。

在這個崇拜中，它的神就是自我，「做你自己」就是正義的標準，「隨心所欲」就是救贖之道。這種崇拜的兩個關鍵原則是**真實性**和**自主權**——忠於自我並保持對自我生活的掌控。任何試圖限制你相信自己的人或事，都會立即歸類為「差勁的」和「有批判性的」，從而被推到一邊。

這不只是我們此處談論的一個在 Instagram 上吸引人的口號。對自我肯定的崇拜比社群媒體更深入滲透到我們的文化和政治領域，影響著我們做出的道德決定及我們如何看待周圍的世界。它要求我們崇拜自我之神——一個冷酷無情的統治者，會不擇手段地去得到它所渴望的一切。這就是自我之神要求被崇拜的方式。

「做你自己」的高昂成本

這種崇拜的魔掌遠遠超越了媽媽文化（mommy culture），進入了政治和社會議題領域。它強調自主權和真實性為我們的主要價值觀，最明顯地就是體現在現今大眾對墮胎與日俱增的頌揚上。

大聲疾呼你的墮胎（Shout Your Abortion）是一個組織，旨在為女性創造一個空間，讓她們可以毫無愧疚或不受評判地談論她們的墮胎經驗。大聲疾呼你的墮胎（#shoutyourabortion）這個主題標籤已在推特（Twitter，現稱X）和 Instagram 等社群媒體上被公開談論她們墮胎經驗的女性使用了數十萬次。二〇一七年，歐普拉（Oprah）在網站發表了「大聲疾呼你的墮胎」組織創始人的一篇貼文，讓這場病毒式傳播運動的曝光率大增。

該組織匿名發表了一些女性們為自己選擇結束她們尚未出生孩子的生命而感到自豪的故事。她們的立場是毫無歉意的，她們在網站上堅稱「墮胎是正常的」。例如，你不會讀到任何遭受墮胎併發症或對自己的決定感到後悔的女性的報導，或者那些後來改變了她們對墮胎支持立場和計劃生育協會（Planned Parenthood）的完整性報導。他們的目標是消除所謂的墮胎恥辱，從而讓女性在談論墮胎時，感到像談論看牙醫一樣自在。他們擁抱真實，並且毫不掩飾地致力於伸張自己身體的自主權，擁有墮胎的自主權被視為是一種解放。

該組織網站上刊登了一篇由一位名叫莎拉（Sarah）的女士所寫的部落格文章。莎拉二十七歲時墮胎。當時她處於一段已有相互承諾交往的關係中，也有一份穩定的工作，但她覺得自己還沒有準備好生兒育女。她寫道：

「墮胎本身並不困難，困難的是要保守這個祕密；墮胎就好像是我必須隱藏起來的一些深沉且黑暗的事情。我變得焦慮且沮喪。我接受心理諮商治療，而且經常哭著入睡。但這不是因為我認為我做了錯誤的選擇，而是因為其他人讓我覺得我做了錯誤的選擇……事實證明，我們所有墮胎的女性，包括我在內，就是個一般人。現在，我活出了我的真理。」

在莎拉的故事中，我們看到了自我肯定崇拜破壞性的本質，以及將真實性和自主權作為最高價值的空洞。當過度重視「做自己」時，我們會為那些傷害我們自己和他人的選擇辯護，只因為它「真實」地表達了我們的自我。我們說服自己，只要我們的選擇符合自己宣告的身分，那就是好的。

這樣的情況在當今其他文化的對話中也能看見，例如性別和性的話題。主流思想認為，如何辨識我們身分與生物學無關，事實證明這違反了基礎科學和人類數千年的歷史，這與主流思想的陳述恰恰相反。但當自我之神掌管一切時，這些事實都不重要了。重要的是，我們想要什麼。

這造成了嚴重的社會混亂。二〇一九年，有一個名叫詹姆斯．楊格（James Younger）的七歲小男孩捲入了一場離異父母之間的監護權爭奪戰。詹姆斯的母親堅持她兒子的性別是女性，而且他更喜歡「露娜」（Luna）這個名字。她計劃鼓勵詹姆斯在未來幾年內朝著使用青春期阻斷劑（puberty blockers）和荷爾蒙療法的途徑前進。但詹姆斯的父親反對，他堅持認為詹姆斯和他的雙胞胎兄弟一樣，性別被識別為男孩，只有當他和母親在一起時，為了滿足母親的期望，他才會打扮成女孩。

德州的這起案件幾乎沒有得到主流媒體的報導，但卻引起了許多家長和社群媒體評論者的憤怒，他們對一位母親讓自己的兒子遭受不可逆轉、不可挽回的有害療程感到震驚。他是否相信自己是個女孩，對於那些像我一樣被這個故事激怒的人來說，基本上無關緊要。從他與生俱來、依生物學鑑定，就已經表明了他的性別——就這樣。因此，應該盡一切感同身受的努力來幫助他，使他的思想與身體感到協調，而非改變他的性別。

事實上，我們對於在發育的兒童身上注射異性荷爾蒙（cross-sex hormones）以阻止青春期身體的發育所產生的相關風險所知甚少，這一事實應該足夠讓我們停下來。根據梅奧診所（Mayo Clinic）發表的報告說明，這種治療對個人的生育能力可能會造成傷害。這是一個孩子所要承受的永久後果，而根據統計，他們在青春期後，很可能就會擺脫對性別的困惑。

這是一個由自我肯定崇拜所統治的世界：在這個世界裡，唯一的道德標準就是，做你想做的事。那麼，如果這個小男孩確實堅持自己是女孩，並想「成為」女孩，那麼他的父母或其他任何人有什麼理由阻止他呢？如果最重要的是肯定自我，那麼當問題涉及到某個人——即使是一個孩子——的身分認同時，誰能界定什麼是可以做的，什麼又是不能做的呢？

另一個極端真實和自主的危險例子是，最近在婚姻及戀愛關係中出現的一種趨勢，稱為道德上的非一夫一妻制（ethical nonmonogamy），它描述了同時公開且誠實地參與多重性伴侶或無性行為的浪漫關係的做法。在新娘網站上（Brides.com）是這樣描述的：

> 在一段開放的、非一夫一妻制的關係中，本質上並沒有什麼錯。唯一的錯誤是，如果你的伴侶並不知道你們處於一段開放式的關係。你猜對了：那就是欺騙……當一段關係是處於開放的關係時，無論這對夫婦採取什麼形式，每個參與其中的人都知道

所發生的事。每個人都對這樣的安排感到滿意。誠實是關鍵。

這就是自我肯定崇拜中，「道德」的運作方式：正確與錯誤的唯一標準取決於你的感受。在這種崇拜裡，對一個人忠誠或專一的承諾本身並沒有什麼好處。重要的是人們感到幸福。這就是為什麼對許多人來說，自我肯定崇拜比一般宗教更具吸引力。它鼓勵人們做讓自己感覺良好的事情，消除對他人的限制與責任。它重視自愛勝過犧牲，重視自我關懷勝過服務他人，重視自身利益勝過無私。它只要求我們放棄那些不會令我們感到愉悅的事物，這麼做還可以讓我們換得一種正義感。

這就是為什麼基督教和自我肯定崇拜不能重疊。基督追隨者的價值觀不是真實性和自主權。基督追隨者的價值觀是仿效基督精神和服從。我們在聖經中有一個正確與錯誤的客觀標準，這意味著我們不會被文化趨勢或我們的感受左右。上帝的道德標準會帶來平安，而盲目的崇拜則導致混亂和痛苦。

真實性和自主權當然不是在任何時候和各方面都是不好的，但它們*必須*服從上帝客觀的標準，才能讓任何好事發生。否則，它們只是聽起來很時髦的犯罪藉口。

也許你認為，自我肯定崇拜所造成的瘋狂混亂情況並不適用於你。你無法容忍我們當前文化的瘋狂情況，所以你感覺自己已經逃離了自我肯定崇拜的魔掌。但其實並沒有那麼快。它可能會以你意想不到的方式出現。對我們來說，了解自我肯定崇拜對周遭世界造成的影響同樣很重要，甚至更重要的是——我們該了解它如何在我們面前呈現出來。

自我肯定的崇拜也會找上你

自我肯定的崇拜，無論對社會或個人而言，並沒有提供一個永續的價值體系。如果你是單身女性，這種崇拜所強調的真實性和自主權，將把你引向它曾經引導我去的地方——走向「做自己」和自我掌控的死胡同。如果你是一位母親，這種崇拜提倡的「拿回你的生活」的指令，將會讓你感到不滿和痛苦。

這是自從我有了孩子以來所學到的：崇拜喜歡招募新手媽媽。它的觸角遍布——凡是你能想到的，關於媽媽的媒體，例如：媽媽部落格、Instagram 上的母乳哺育頁面、育兒播客節目。身為新生兒的母親，妳很累，妳受荷爾蒙分泌的影響，妳很脆弱，妳對產後的身體沒有安全感，擔心自己無法讓寶寶活下去，這意味著妳正是自我肯定訊息最適當的讀者。

我們這些媽媽們感到不知所措，也許有點懷才不遇，所以被善意影響媽媽的群眾的堅持所吸引，她們告訴我們，我們「應該得到」些什麼——我們「應該得到」片刻的休息、得到稱讚、得到認可。我們該拿回原本的生活，記得我們的角色不只是一位母親。我們被告知，我們應該透過重新獲得生活的「自主權」，並恢復成為母親之前的身分來成為「真實」的自己。

這些保證有一定的道理。我們確實需要休息一下。如果我們的丈夫能認可我們的辛勤工作，那就太好了。我們確實還有除了母親之外的其他角色。但它們當中所造成的假象前提是，我們只要做好我們的工作，就有權獲得有形的獎勵。以這個角度看來，母親的身分被巧妙地描述為，某件發生在我們身上的事情，而不是出於我們的選擇，也不是上帝仁慈地賜給我們的。

自我肯定崇拜希望其成員將他們以及他們的感受作為他們世界的中心。因此，這個宗旨讓媽媽們覺得我們是成為母親身分的受害者，而不是：我們是成為母親的幸福受益者。不管這個崇拜告訴我們什麼，身為基督徒的母親們，不需要把自己的生活建立在世俗眼中的真實性和自主權之上。用追求這些世俗標準來逃避身為母親的責任，是對自我之神的追求，而不是對聖經中上帝的追求。母親的身分是上帝現在對我們生命的呼召，我們履行這個呼召是為了榮耀祂，而不是為了讓我們自己得到認可。

自我肯定崇拜告訴我們，唯一能得到充電的方法是，透過自我照護及從我們對家庭義務之外的事物中「找到我們自己」，但這麼做毫無效果。在為人父母的混亂中，我們能找到唯一持久的快樂就是瞭解：即使在作為母親最平凡、最艱難的時刻，也是為了讓我們更接近基督。當我們在軟弱中依靠祂的力量、在焦慮中尋求平安、在絕望中尋求幫助時，當我們在為家人所做的一切事情上，效法祂無條件的愛和自我犧牲時，我們可以很高興的知道，我們的努力和疲憊永遠不會白費——它被用來榮耀上帝，為了我們孩子的益處，也為了我們的成聖。

難道我們不能有屬於自己的時間嗎？當然可以。我是一個新手媽媽，當然不是育兒專家，但我從聖經中的觀點看來，與丈夫輪流或請保姆看顧孩子以便我們可以小睡片刻或做美甲，並沒有什麼錯。上帝設計了我們，而我們所有人都需要休息。但圍繞我們休息的心態很重要。

牧師約翰・派博（John Piper）在他的播客節目「問約翰牧師」（*Ask Pastor John*）中回答了一位媽媽的問題：「全職媽媽應該休息一天嗎？」他的回答是多元但簡單的：是的。媽媽們需要恢復活力。我們需要一個安息日。我們需要丈夫、父母、朋友或主日學班級的協助。因為正如人們對我們的期望一樣，我們並不是超人。在這一集中，他提醒我們所有人，提出這樣的問題並不自私：「你如何找到完成比賽的配速？」

生命是一場馬拉松而不是短跑，這意味著我們所有人都必須找到活動和休息的節奏和模式，使我們能夠有效率且有成效地完成上帝呼召我們做的工作。對我來說，我了解到，這可能意味著散步、閱讀、在我丈夫把孩子放上床時提前三十分鐘睡覺，或在嬰兒起床前提前三十分鐘起床，以確保我有時間在嬰兒起床前閱讀聖經。當我們休息的原因是為了確保能更盡力地服侍主和他人時，我們就不必擔心這種必要的休息，是否是以自我為中心。它並不是的。

自我肯定的崇拜鼓勵我們抓住自己的生活，這樣我們就不會在母親身分中「迷失自己」。但當我們跟隨基督時，我們永遠不會面臨「迷失自己」的風險，因為我們永遠能在祂身上找到我們的身分。我們「真正是誰」不是我們需要解開的謎團，也不是我們需要遵循的道路。我們唯一的目標就是依靠上帝的幫助，充滿感激地執行祂所交給我們的任務來榮耀祂。

自我肯定崇拜對世界所造成的影響和表現在美化墮胎與性別流動（gender fluidity）等想法，以及對我們身為母親的人所造成的影響，例如表現在日常生活中的自我中心、心懷不滿和驕傲之間有什麼關聯？

這一切都跟敬拜神有關。如果我們敬拜《聖經》中的神，我們就全然信靠祂。我們即使意外懷孕也相信是祂的美意。我們相信是祂創造了我們，賦予了我們祂想給我們的身體。我們相信祂呼召了我們，並裝備我們成為母親。我們相信祂的命令指示，比我們自己的感覺更好、更值得信賴。

如果我們崇拜自我之神，我們就會在它的祭壇上犧牲任何東西來滿足它的要求。而自我之神無情地要求我們，甚至迫使我們殺死未出生的孩子、傷害我們的身體，拒絕承擔成為母親的責任。自我肯定的崇拜，會讓我們不斷地爭奪控制權及我們認為應得的崇拜。上帝要求我們放棄控制權，並將我們想對自己的敬拜轉向祂。這是個美妙的好消息。自我之神的軛是艱難的，它的擔子是重的；但神的軛是容易的，而且擔子是輕省的。得知我們不必花費寶貴的精力為自己服務，真是令人欣慰。是我們造就了可怕的、不值得敬拜的自我之神。

因為我們造就了不值得敬拜的神，所以無論多麼努力，我們都做得非常糟糕，而那樣的結果就是我們自己所認定的真理所造成的。

下個單元所談的迷思將解釋這些原因。

迷思

#2

你決定你的真相

後牙上的男孩樂團

當二年級時，我第一次蛀牙。牙醫告訴我，他必須在我的牙齒上塗密封劑，以確保我不會再有另一顆蛀牙。我以前從未接受過任何牙科療程，所以這對我來說是件大事。我很緊張，為了讓我感覺好一點，牙科保健醫生告訴我，上了密封劑的牙齒上會有層隱形的貼紙——新好男孩（Backstreet Boys，縮寫為 BSB）樂團的貼紙。

其實，她只需要告訴我會有新好男孩樂團的貼紙這件事，因為我名符其實是你所見過的新好男孩的最大粉絲：我的房間裡至少有三張他們的海報、T恤、睡衣和他們所有的音樂專輯。我會關掉家裡房間的燈，聽他們的千禧情（*Millennium*）專輯，然後哭泣——真的流淚——想著我可能永遠無法親眼見到他們。我還非常認真地考慮要穿什麼去參加他們的演唱會——我會穿一件時尚的衣服來展現我有多可愛，還是穿一件新好男孩樂團的襯衫來證明我是他們的粉絲？

因此，我迫不及待地想貼上新好男孩樂團的密封劑貼紙。儘管牙醫保健醫生告訴我，密封劑貼紙是看不見的，但我想，也許我認真照鏡子，我就能看到它們。我從來沒有這樣做過，但我知道他們在那裡，這樣就夠了。

當告訴你時，我是非常認真的，我從來沒有一秒鐘意識到她在說謊。這麼多年來——這麼多年來！——我一直相信有某種特殊的技術，能讓牙醫用密封劑在你的牙齒貼上透明的男孩樂團貼紙。我甚至不確定，我是什麼時候大夢初醒的——也許是在上高中的時候？就像十年後的某個早晨醒來，我意識到，「哦，我的天哪。我的牙齒上從來沒有貼過貼紙！」我被騙了。

我希望我能說這是我一生中唯一相信過的一件荒謬的事。在我六年級時，我拍了一張《六人行》（*Friends*）影集中，大約是第十季裡珍妮佛·安妮斯頓（Jennifer Aniston）的照片給髮型師參考；我深信，只要我有她那種側瀏海，男孩們就會喜歡我。在十年級時，我以為只要摘下牙套，我就會大受歡迎。

但六年級時，髮型師告訴我，珍的髮型會讓我看起來像鯔魚頭（mullet），所以我從來沒有留過那種完美的側瀏海。十年級時，我很快就意識到，受人歡迎的特質和我的牙套，完全不相關。

我相信，你也和我一樣，曾被那些在你生命中某時某刻未能兌現承諾的事情所矇騙。無論是新好男孩樂團還是七小龍樂團（S Club 7），側瀏海還是挑染，酗酒還是吸毒——你曾完全相信的那些生活中的事物，它們最終未能達到如他們所號稱的效果。它們基於對現實的錯誤認知，因此，長遠來看，它們最終會讓你感到失望或傷害到你。

隨著年齡增長，我們不會自動擺脫相信不真實事物的傾向；我們相信的謊言變得更加複雜，並會對未來造成影響。我們的文化鼓勵我們遵循對我們來說真實的事物，即使它與科學、聖經及歷史等各方面的事實互相矛盾。這種情形以我們已經討論過的方式呈現出來，例如：性別意識形態、墮胎、多角戀等等。但用「我的真理」所換取的那個真相，也會影響我們做的個人決定和我們建立的關係。這麼做，從來沒有得到好的結果。

你的真相不會讓你自由

克蘿伊（Chloe）是大學二年級學生，當時她被一群兄弟會男孩粗暴地性侵。和她一起參加派對的朋友們都先回家了，只剩下她單獨一人，因此她對他們的攻擊毫無抵抗力。她因這段經歷而受到創傷，在她大學生涯剩餘的時間裡，都透過酒精、性和毒品進行自我療癒。

儘管克蘿伊順利地如期畢業，但她的毒癮卻失去了控制。她的父母說服她去勒戒中心，在那裡她被診斷出患有創傷後壓力症候群（PTSD）並接受治療。她從小就是基督徒，但當她試圖排解因受性侵所造成的痛苦和羞愧感時，她將上帝排除在門外。在勒戒中心時，她重新開始閱讀《聖經》，並決心跟隨耶穌。她對自己許下承諾，在她將生活回復到正軌的同時，她會改過自新並保持單身一段時間。

但當克蘿伊離開戒毒所，困惑和恐懼就淹沒了她。她這輩子要做什麼？她怎麼知道神要她往哪個方向走？她會找到愛情嗎？

她覺得要做一些有價值的事情壓力很大。她在 Instagram 上看到朋友們當背包客在歐洲旅行，受到了透過旅行能發現自我的這種想法的啟發，就連保有探索世界的可能性也似乎成為一種能釋放情緒的方式。她開始關注 Instagram 上旅行成癮的用戶，這些人激勵她踏上自己的旅程。因此，從勒戒中心回家兩個月後，她拿出自己存下的幾千美元，帶著一張環遊世界的單程票，離開了家人、朋友和在德州家鄉的小鎮。

在社群媒體上，她的生活看起來就像童話故事一樣。她的朋友和追隨者從遠端稱讚她採取了看似踏出勇敢的步伐來治癒內心。從克蘿伊和每個觀看她網頁的人看來，她似乎活出「她的真理」。她的真相是，她受到傷害，走上一條黑暗的自我毀滅道路，現在她正在發現真實的自我，透過踏上夢想的冒險旅程來宣告自己的價值。

但她的真實生活看來與社群媒體所呈現的截然不同。克蘿伊在她曾造訪過的每個城鎮都與一位新的男士交往——通常最終都會與他們發生關係，他們為她蜿蜒的自我發現之路提供了冒險和安全感；但在幾週後都讓她孤立無援，讓她感到自己被利用和羞愧。

當她在巴黎時，她意識到自己的生理期延遲了。她做了驗孕測試，結果是陽性。然後，再驗一次，結果仍是陽性。她簡直不敢相信自己懷孕了。她懷孕了，而且孤單一人。這一次，她已經無處可逃。

克蘿伊知道她需要回家。她需要在一個安全的地方，有人支持她、撫養她的孩子。於是，她收拾好行李，預訂了下一班飛往德州的班機。八個月後，她生下了一個兒子。

現在，克蘿伊喜歡當一個媽媽，但她對於自己是如何走上成為母親的這條路感到後悔。直到她意外懷孕後，她才明白「她的真相」究竟讓她上了多少當。她做了所有她的朋友、最喜歡的作家、勵志演講者、旅遊部落客和 Instagram 影響者告訴她應該做的事，來治癒她過去的傷痛：踏上自我發現之旅，追隨她的內心，「講述她的故事」，放縱她的突發奇想，追求她的慾望和旅行癖。她想，透過順從自己的慾望和完全放縱自己，她最終會幸福的。

她追尋了「她的真理」，卻發現這只是一條死路；她的旅行並沒有治癒她在大學時被性侵所感受到的羞愧和痛苦。在探索世界的幾個月裡，她做了一切自己想做的；但在離開每個城市時，卻都感到比之前更不滿足。為了「找到自己」，她迷失了方向。

克蘿伊的故事告訴我們，我們的能力還不足以找出自己的真理。我們的想法讓我們感到困惑，我們的直覺常常是錯的，我們的感覺欺騙了我們，我們的願望可能會放錯地方。如果我們把自己放在自己生命的寶座上，認為自己是判定真理的人，那麼我們的心、思想、直覺、感覺和慾望，就是唯一能引導我們的。我們一直被困在尋找自己缺乏的洞察力；靠我們自己，我們不知道我們會走到哪裡。重申一下：我們可能會創造出可怕的神。

暢銷書作家兼勵志演說家布芮尼布朗（Brené Brown）在她的《做自己就好》（*Braving the Wilderness*）一書中寫道：「關於我們是誰的真相，就住在我們心中。」

這種心態解釋了「為什麼」那麼多人堅持不懈地追隨內心，並不斷地追求自省。他們正在尋找自我療癒和自愛的世界所告訴他們的那些埋藏在內心，深處的真相。

透過各種宣洩情緒的方式——旅行、建立新關係、冥想、療程——我們在尋找最終能向我們揭示我們身分和價值的真理。我們嘗試透過以《享受吧！一個人的旅行》（*Eat, Pray, Love*）的典型方法，希望我們的冒險、突發奇想和自我評價，能幫助我們揭開過去的創傷或面對過去的錯誤。

我們踏上與克蘿伊相似的旅程——在世界的角落尋找內心深處隱藏的「真相」。但我們發現，即使已經追隨自己的內心並與過去搏鬥，我們仍然渴望更多。我們仍然沒有感到被治癒或完整。

我是從自己身上發現這一點的。我在大學那段時間，追求「我的真理」，沉迷於飲酒、與人發生親密關係和暴飲暴食。為了在面對心碎和遭受拒絕時，讓自己感覺好過點，我試著建立一個基於新價值體系的新生活。這個價值體系完全由當時讓我感覺良好的事物所組成。

我厭倦了悲傷，厭倦了沉溺於自憐，厭倦了對自己的未來感到擔憂，所以喝醉帶來的即時滿足和從膚淺的放縱所帶來對自尊心的提升，對我很有吸引力。我失去了一段關係，這段關係不僅定義了當時的我，也定義了我認為自己將來會成為什麼樣的人。我曾經是一個有著穩定戀情的女孩，且計劃大學畢業後就要結婚；但突然間，一切都變了樣。隨著計畫的破滅，我努力掙扎地想知道自己是誰。

他和我分手的那天晚上，我身上長了帶狀疱疹，但也於事無補。你知道帶狀疱疹就是你的祖母和她療養院的朋友們去年冬天得到的皮膚疹。我二十一歲時就得到了。帶狀疱疹會產生一團紅色、令人疼痛和發癢的水泡的皮膚疹，症狀通常出現在背部或身體側邊。但在我身上並非如此！我的帶狀皰疹從脖子延伸到臉上，糟糕透了。這讓我看起來又醜陋又疼痛。不用說，當某天晚上，我男友出現要和我「談談」時，我看起來和感覺上簡直是一團糟。

儘管承認這一點讓我感到很不舒服，但我認為引起我減肥的動機，是想要以某種方式彌補我在那一刻感到沒有吸引力和不被人需要的感受。我想如果當時我苗條一點，看起來會更令人喜愛些。作為一個剛恢復單身的女孩，我從男士們那裡得到的關注，證實了這種心態。酒精只是一種麻醉劑，我就不需要處理這一切了。我的情形和克蘿伊相似，我並不想承認到底發生了什麼事，所以我掩蓋了在我身上的經歷。

「我的真相」在這個時期是：對自我感覺良好是我應得的。我花了近三年的時間優先考慮男友，現在該是專注在我自己身上的時候了。我有權享受樂趣和放鬆，我甚至深信這麼做能治癒我。我可以擺脫他對我的那些我無法達到的期望，只做*真實*的自己。如果我對他來說還不夠好，我告訴自己，那也沒關係。我有自己就夠了。我會以在我想要的時刻做我想做的事來證明這一點。

如果你是這個大學時期版本的艾莉的旁觀者，你可能會認為我過著最好的生活。我上健身房、結交新朋友、約會、參加週末派對。我仍然在課堂上表現優異，甚至被選為在我們畢業典禮上的畢業生致詞代表。你可能以為我已經進入自己的最佳狀態，好像我終於找到自己一樣。你可能會認為我已經克服心痛並繼續前進。

但我心碎了。幾乎每次我一喝多，就會哭得一團糟。一旦我放鬆警戒，分手後的悲傷加上我因飲酒過量或與另一個男子發生關係所產生的內疚感就加劇了。很明顯的，我的情況不太好。在那個學期之前，人們都知道我是那位負責帶領查經班並擔任我們姊妹會中布道的女孩。我放掉了那份職務，轉而「做我自己」，換句話說，我在崇拜的是自我之神。

我們都知道這種情況把我帶去哪裡——諮商師辦公室，在那裡聽到她說，如果不停下來，我的飲食失調是會致命的。因為我想說，靠自己就足夠應付一切，所以我用自己取代了上帝和祂的真理，作為我世界的中心，宣稱自己對是非善惡擁有主權。不知不覺我成了自我肯定崇拜的正式成員，將我認為的真實性和自主權視為優於一切。

我透過慘痛的經驗學到，如果我真的想走上一條通往心靈平靜的道路，我需要一個在我自己之外的外在標準來告訴我什麼是真實的和好的。而這個標準就是神。

C.S. 魯益師（C. S. Lewis），在《返璞歸真》（*Mere Christianity*）一書中主張，世間存在一種普遍的道德法則，所有人，無論文化背景如何，本質上都要遵循這一法則。沒有這個道德法則，我們就沒有權利對奴隸制度或大屠殺等恐怖事件感到憤怒。然而，我們確實對那些恐怖事件感到憤怒。那是因為**道德立法者**（Moral Lawgiver）賦予我們每個人根深蒂固的道德感。沒有**道德立法者**，就沒有道德法。如果沒有超越我們認知能力的道德法則或立法者，我們就都是自己的神，沒有人能說誰是對的，誰是錯的。這將讓我們的生活陷入一片混亂。

我是這種混亂之下的受益者——而其實我不必成為混亂之下的受益者。我們剛分手時，我對於帶著悲傷去見上帝感到害怕，因為我知道，祂可能不會給我一個快速的解決方案。服從祂就是不能喝醉酒，不能跟男性發生親密關係，不能以不健康的飲食習慣傷害我的身體，但這些都是麻痺我痛苦的方法。放棄這些事情並轉向上主，意味著我實際上必須感受這些傷害對我造成的痛苦，但我並不想那麼做。

不過，在幾個月後我意識到，如果我在最初痛苦的日子裡與神同行，我所感受到的痛苦會比我走自己的路在幾個月後所經歷的痛苦、羞愧、悔恨要好得多。敬拜《聖經》中的神，從來不是浪費時間，敬拜自我之神才是。

直到我不再屈服於讓自己感覺良好的是非標準，並服從上帝基於善的是非標準，我才開始從心痛中痊癒。上帝的真理是我們用來判別什麼是真的，什麼是假的，而不是由我們自己的標準來評斷。因為，當我們的感受改變並誤導我們時，神的話語永遠不會改變。

我們需要認清：「我們的真理」通常是撒旦的謊言。我們此刻感覺真實的東西，可能根本不真實、不好或不值得信賴。雖然我們的經驗和創傷**確實**塑造了我們，但這些不等於道德的**真理**。諸如此類的事才剛發生過。也許它們很重要，也許它們教會了我們一些事情。但為了知道我們學到的這些教訓是否值得成為建構我們生活的真理，我們必須將它們與**真理的標準**，即**上帝的話語**，進行比較。

我們的能力不足以決定真理，但上帝可以。這是個好消息！因為那個曾經相信新好男孩樂團貼紙被貼在臼齒上的我，那個追逐各種有害的迷思和謊言以期獲得滿足的我，直到現在都沒有被培養成為真理的決定者；而你也沒有。這是我們任何人都無法承受的重擔，更何況我們也不必承擔。

但為了用上帝的真理來取代我們的真理，我們首先必須知道那個真理是什麼。

自我的神學

值得慶幸的是，身為基督徒，我們不必猜測上帝對是非的定義。祂在《聖經》中已經告訴我們，《聖經》是無誤且永無過失的，足以指導我們。

我從小就上教堂，並在一所基督教學校就學。當我小的時候，我認識的每個與我同齡的人都擁有同一本《聖經》：新國際版本（NIV）《新探險聖經》（*New Adventure Bible*）。那是本非常棒的《聖經》，內容包括現實生活中的應用、歷史花絮、記誦經文的建議和粉紅色與紫色的封面。有一天，我在我的舊衣櫥裡發現了我的那本《聖經》，我打開它，發現大部分頁面都完全浸透了粉紅色和綠色的螢光筆漬，頁邊空白處畫滿了貓的圖畫，《民數記／戶籍紀》中有一些大燭台的草圖，還有很多隨機片段因著不明原因被剪掉了。

雖然我七歲的時候對《聖經》了解甚少，但我很感激老師和父母花時間幫助我們學習《聖經》。對於基督徒而言，以學習上帝的話語形成他們的世界觀和建立他們的道德標準是必要的。然而，可悲的是，許多自稱是基督徒的美國人，並不了解他們的《聖經》。因此，他們持有的信仰是綜合上帝的真理和他們自己的真理。

林格尼爾福音事工（Ligonier Ministries）每兩年進行一次調查，以衡量美國福音派基督徒（American evangelical Christian）對神學的理解程度。二〇一八年的研究報告顯示，自稱為福音派的基督徒對耶穌本人、罪和救贖，都有深層的誤解。

這項研究最令人擔憂的部分，也許是受訪者對真相的看法。百分之三十二的受訪者同意下列說法：「宗教信仰是與個人的觀點有關，與客觀的真理無關。」此外，百分之五十一的受訪者同意，上帝接受所有的宗教崇拜，而不僅僅是基督教。這意味著，在美國，有很大一部分的基督徒聲稱，他們對自己的信仰缺乏信心是真的。

好消息是，對許多基督徒來說，他們的意圖是好的。他們想學習《聖經》，但不知道該如何學習。《聖經》可能是本巨著、內容複雜且令人困惑。因此，許多基督徒選擇閱讀靈修文章或聽講道，而不是仔細閱讀《聖經》，因為他們認為這些內容更容易理解且更適用於他們的生活。

問題是，許多靈修文章都過於簡化，即使是最好的講道也無法提供《聖經》所提供的智慧。此外，今天許多受歡迎的靈修作家和傳教士，根本不教導《聖經》。相反地，他們宣揚的是我稱之的「自我的神學」（meology）——或「以自我為中心的神學」（me-centered theology）。他們不是教導《聖經》的意義以及它對上帝的描述，而是強調《聖經》對我們的意義以及它對我們的看法。「自我的神學」試圖以犧牲堅定的信仰為代價來提供安慰。這導致讀者對上帝的本質受到誤導且對上帝本質認識的貧乏，結果造成人們對上帝所提供的真理感到不確定。

「自我的神學」是在當今最流行的兩種形式：成功神學（prosperity gospel）和我所說的時髦的耶穌基督教（hipster Jesus Christianity）中找到的。成功神學的導師像是約爾・歐斯汀（Joel Osteen）、寶拉・懷特（Paula White）、肯尼斯・寇普蘭（Kenneth Copeland）和其他傳教士宣揚的信息是，保證上帝用物質和金錢的禮物來換取信仰。歐斯汀描述他的工作為「幫助人們在晚上安然入睡」，而不是讓人們感到「羞恥」。川普總統（President Trump）的靈性導師寶拉・懷特二〇〇七年在三一電視台（TBN）上宣稱：「任何告訴你要捨己的人都是來自撒旦的」（然而，是耶穌這麼說的）。肯尼斯・寇普蘭宣揚耶穌在十字架上「贏得了財務上的富裕」。那些用給人健康與財富為傳教口號的傳教士以安慰和希望為名義，傳講著一種軟弱無力的福音。雖然這個教義讓人「耳朵發癢」，但它並不能拯救人（提摩太後書／弟茂德後書 4:3），因為它不是真的。雖然上帝可能會為了祂的榮耀而選擇祝福我們擁有健康和財富，但祂並不保證這些。相反地，祂向我們保證，我們都會因為祂的緣故而受苦。祂應許的是迫害，而不是升遷（馬太福音／瑪竇福音 10:16）。

成功神學將上帝應許的苦難真理，換成我們有權過安逸生活或銀行帳戶裡存款滿溢的「真理」。它把上帝視為一個可被喚醒的精靈，透過「說得出它的名，便擁有了它」。但〈約伯記／約伯傳〉第一章第二十一節告訴我們，上帝既賞賜給我們也會從我們手中收取，無論是哪種方式，祂的名都應當稱頌。我們的「真相」是，我們想要神的東西。事實上，上帝給了我們比物質更好的東西——祂自己。

如果我們從成功神學的角度看《聖經》，我們看到的《聖經》敘述是以我們自己和上帝能為我們做什麼為中心，而不是上帝本身和上帝透過基督為我們做了什麼，以及我們能如何服侍祂。這就是「自我的神學」的危險：它錯過了真理。當我們錯過了基督教的真理時，我們就失去了一切：救贖、喜樂、聖潔以及與上帝的親密關係。當我們用我們的真理去換取上帝的真理時，我們的靈魂就處於危險之中。

「自我的神學」硬幣的另一面是**時髦的耶穌基督教**。**時髦的耶穌**是個隨波逐流的人，他把我們的幸福放在首位。他不熱衷於制度化的宗教，也不關心罪惡，只希望我們自我感覺良好。根據**時髦耶穌**教派的說法，唯一的錯誤就是指出有錯誤。

格倫農．杜爾尼（Glennon Doyle）以其受歡迎的不同凡響媽媽（*Momastery*）部落格而聞名，她代表時髦的耶穌基督教。她寫的二〇一七年暢銷書《為愛而戰》（*Love Warrior*），講述了她與丈夫為婚姻而奮鬥的故事。當她遇到美國女子國家足球隊隊員艾比．溫巴赫（Abby Wambach）時，她的生活發生了變化，她很快就愛上了艾比．溫巴赫。杜爾尼後來離開了她的丈夫與溫巴赫結婚。

現在，杜爾尼鼓勵女性追隨她，打著真實性的旗幟。當被問到，身為一名基督徒，她如何為自己的離婚和與一位女性再婚而辯護時，她說：「我不會花寶貴的時間和精力向任何人證明自己的正當性。那聽起來很累。女人能做的最具革命性的事情就是，不解釋自己！她聲稱《聖經》對同性婚姻和一夫一妻制漠不關心，而且如果認為《聖經》確實教導了這些關係的實踐，那就「與我對充滿愛的上帝的認識相牴觸」。

約書．哈里斯（Josh Harris）是一九九〇和二〇〇〇年代福音派的重要人物，他也受到時髦耶穌教派潮流的誘惑。他在一九九七年寫了一本關於求愛的書，書名為《不再約會》（*I Kissed Dating Goodbye*），這本書成為教會內純潔文化的核心。哈里斯在馬里蘭州的一家教會擔任牧師，同時與妻子一起撫養孩子。二〇一九年，他宣布他和妻子將離婚。幾天後，他分享了一篇貼文，宣布他不再是基督教徒，並向非異性戀的社群（LGBTQ）道歉，因為他「反對婚姻平等」，並且對沒有「肯定〔他們〕並樹立〔他們〕在教會中的地位」致歉。

當然，《聖經》對於性向（sexuality）的問題很明確。婚姻的定義是基於神所創造一男一女之間的盟約，並在《新約》中重申婚姻關係代表基督和教會，因此反映了**福音**。婚姻不只是基於某些人認為的那幾節無關緊要的經文。神對婚姻的定義既有身體上的意義，也有屬靈的意義，也就是——〈福音〉（*Gospel*）的意義。

只有當我們堅持把我們的真理置於真正的*真理*之上時，這個事實才會被忽略。這是**時髦耶穌基督教神學**的核心問題——並不是說它的支持者經常否認《聖經》中關於性向的權威，而是它否認《聖經》的權威，*這才是重點*。這常常導致對基督教的公開批評，取而代之的是某種形式的不可知論。要同時順服《聖經》中的上帝和自我之神是不可能的。

成功神學和**時髦耶穌基督教**都沒有太多關於罪的言論，因為「自我的神學」——就像自我肯定的崇拜一樣——關心的是暫時的快樂，而不是持久的聖潔。任何種類的「自我的神學」，看起來都不像是耶穌的教導。

唯一真正的耶穌非常關心我們的罪，以至於祂在十字架上忍受了可怕的死亡，好將我們從罪中拯救出來。祂在地上醫治並安慰人，但祂也呼召那些祂遇見的人悔改（馬太福音 4:17）。

耶穌將罪定義為不僅是我們外在的行為，還包括我們內心的想法和感受。祂說，我們能做到不姦淫是不夠的，我們也不該有情慾。祂說，我們能做到不殺人是不夠的，我們甚至不該仇恨人。耶穌將良善的標準提升到另一個層次，祂堅持我們要愛我們的敵人，為那些迫害我們的人祈禱而不是報復。唯有透過祂，才能實現這種公義。

成功神學和**時髦耶穌基督教**是以自我崇拜來偽裝成真正的信仰。他們關注於我們認為自己應得的，而不是上帝是誰。他們掩蓋了真正的福音，以換取迎合我們天生的自我中心的信息。正如約翰・派博談到成功神學時所說，這些教義「將基督永恆的福音披上了世俗的外衣」。

「自我的神學」不僅導致我們在林格尼爾福音研究中所看到反應出的神學混亂，也導致人們不信教。

我們學習《聖經》的目的是認識神。在了解祂的人格特質和祂的真理的過程中，我們對自己和世界的看法也隨之形成。《聖經》為我們的生活提供了一個強而有力、不會改變的基礎，這是世俗的自助和自我的神學的「基督教」所沒有也無法提供的。

這意味著閱讀《聖經》對於區分我們自認為會導致混亂的真理和能帶來生命、喜樂與平安的**真理**至關重要。

但問題是：我們要**如何**閱讀《聖經》？關於這方面有很多好的資源，但我給你我的建議：買一本好的學習《聖經》。我喜歡《英語標準版學習聖經》（ESV study Bible）。從〈約翰福音／若望福音〉開始。你可以快速或緩慢閱讀，逐章或逐節閱讀。閱讀時嘗試回答以下問題（請參閱方框）：

祈求來自**聖靈**（Holy Spirit）的智慧，基督徒常用下列這些問題挖掘《聖經》的實際意義，而不只是它對我們的意義：

- 這段經文的歷史背景為何？
- 這與整本《聖經》有什麼關聯？
- 為什麼要這麼寫？
- 誰是這節經文的觀眾？
- 這節經文告訴我關於神的什麼訊息？
- 有沒有我應該悔改的罪或需要採取的行動？

你不會明白一切。我也不全然明白。但那沒有關係。祈求智慧——神必賜給那些祈求的人（雅各書／雅各伯書 1:5）。相信你會找到真理的唯一來源。

耶穌說祂是「道路、真理、生命」，「若不藉著我，沒有人能到父那裡去」（約翰福音 14:6）。〈約翰福音〉第一章第十四節描述耶穌為「充充滿滿地有恩典有真理」。耶穌在〈約翰福音〉第八章第三十節到第三十二節告訴我們：「你們若常常遵守我的道，就真是我的門徒；你們必曉得真理，真理必叫你們得以自由。」耶穌在〈約翰福音〉第十七章第十七節中請求天父「用真理」使祂的子民「成聖」，因為「你的道就是真理」。這是多麼棒的事，知道真理的來源並不在外面的「某個地方」或深埋在我們內心深處，而是在耶穌裡，祂已經把自己獻給我們。

如果你對如何學習《聖經》感到不知所措，那也沒關係。好消息是你不必獨自追求真理。

帶我去教堂

丈夫和我在婚後的最初幾年裡花費太長的時間尋找符合我們所有條件的教堂：教

堂要有充滿活力的牧師，要有很多和我們一樣、處與相同人生階段的年輕人，良好的小組結構，以及符合時代潮流——但——又不過於走在時代尖端的敬拜領袖。最終，我們厭倦了這樣的尋找。我們開始養成週日聽講道的播客節目或觀看線上禮拜轉播的習慣，免除了費盡心思去嘗試找到一個合適新教會的麻煩。

但我們都因為我們知道的事實而感到內疚：這並不是教會的意義所在。這與我們自己或我們從中得到什麼無關。教會要存在於當地社區，以鼓勵和教導基督徒使用神的話語，滿足信徒同工們的需要，並裝備教友們分享福音，服侍他們的左鄰右舍以及「弟兄中最小的一個」。我們在教堂裡度過的時間應該以忘我（self-forgetfulness），而不是以自我實現來定義。

這不是意味著我們不應該享受牧師的講道或敬拜風格，但這確實意味著可能永遠不會有一個教會能滿足你所有的要求。一個好的教會可能有很多特點，但最重要的是：福音——《聖經》中關於罪、透過耶穌得救和成聖的真理——被宣講。

為什麼宣講〈福音〉比教會參與什麼樣的宣教或兒童事工的運作還要優先考量？因為如果沒有〈福音〉作為整個教會的動力，宣教旅程就只是在 Instagram 上的一種曝光機會，而兒童事工也只是經過美化的一種日間托兒照護服務。〈福音〉是教會存在的核心原因，它定義了我們作為基督徒該做的一切。

牧師傳講〈福音〉，不是根據他的觀點，而是根據**神的話語**來講道。牧師只能透過以《聖經》為基礎的教導來正確地講道，說明罪、成聖和救贖的道理。他講道的內容完全使人沉浸在《聖經》的智慧之內，他們聽起來不會像是個勵志演說家或自助大師。他們可能很有趣和充滿活力，但無論傳道者多麼有魅力，傳講的訊息都以**神的話語**為中心。

聆聽傳道人講道時能提出的一個好問題是：他講道的內容是否引導我們歸向基督，還是他摘錄了《聖經》經文以迎合信徒預期的信息，引導我們順從自己的心意？

例如，一位牧師以牧童大衛（達味）打敗巨人歌利亞（哥肋雅）的故事來比喻基督徒（大衛）能殺死巨人（歌利亞），但牧師並沒有引導他的會眾轉向上帝。因為我們並不是這個故事中的大衛——耶穌才是。當祂為了我們的過錯死在十字架上時，祂殺死了終極的巨人——罪和死亡——並在三天後復活。正如辛克萊・弗格森（Sinclair Ferguson）在他《從舊約傳講福音》（*Preaching the Gospel from the Old Testament*）一書中所說：「耶穌是真正的、更好的大衛，祂的勝利成為祂人民的勝利，儘管他們自己從未舉起石頭來實現這一勝利的目標。」

這是個多麼美好的訊息——我們不是自己的英雄，而上帝才是。這就是身為基督徒的特權：擺脫我們成為我們自己的神的壓力，轉而依靠堅定且毫無疑問的救主。

聖經神學為我們提供了堅實的基礎，而「自我的神學」則給了我們下沉的沙地。如果牧師講道的內容是榮耀和溺愛祂的會眾，而不是讓他們歸向神、神的榮耀和祂的福音，這就對祂的會眾造成永久的傷害，而我們也不該成為這種教會的一分子。一個健康、繁榮的教會，是把他們所說的和所做的一切都建立在《聖經》的基礎上，耶穌的死亡和復活的好消息，將成為他們布道、事工、在本地與全球宣教工作的中心。

正如林格尼爾福音的研究指出，許多教會將符合《聖經》的講道轉換成穿插著《聖經》經文的勵志演講，這是讓許多自認為是基督徒的教友們在神學上感到困惑的一個重要因素，這些講道用個人的真理代替了真實的真理。如果我們教會的牧者沒有教導我們神的品格和旨意，我們就會求助於社群媒體、在精神方面和世俗價值觀中具有影響力的人、政治家、我們的朋友以及我們自己，好幫助我們塑造自己的世界觀。

這讓我們活在一種矛盾且不穩定的「自我的神學」中，且不可避免地會導致我們過著與上帝呼召我們要過：聖潔的、喜樂的、樂於助人的和正當的生活相互矛盾。

當我們知道我們不必走遍每一個國家，親吻每位男士，並在自我發現的道路上經歷百般嘗試地尋找真理，這不是一種解脫嗎？我們可以從上帝身上得到它，基督徒可以透過基督得到祂的智慧。我們的真理難以捉摸又令人不滿意，上帝的真理是與我們同在並永續不斷的。當世界告訴我們，我們的真理在某種程度上同時存在於我們內心和「外在世界」，然而上帝卻在此時此地將在祂自己裡面真正的真理賜給了我們。

儘管上帝的真理隨手可得，但理解它是一個一輩子的過程。

通往真理的軌道

值得慶幸的是，上帝給了我們這段通往真理旅程的恩典。在成為基督徒的最初，我閱讀了各種不符合《聖經》的講道和書籍。當閱讀 C. S. 魯益師的書時，我也讀了羅伯．貝爾（Rob Bell）的書，他後來公開承認是普世主義者（Universalist），相信所有人最終都註定會進入天堂。我常聽約爾．歐斯汀牧師的講道，卻沒有意識到他對健康和財富的承諾是不符合《聖經》的。這些訊息在我心中形成「自我的神學」，這種神學反映出我是一個不了解《聖經》的女孩。只有透過上帝的耐心、研讀《聖經》和時間，我才學會了如何讓《聖經》來教導我神學。而我還有很長的一段路要走。

聖靈引導我們、使我們知罪、塑造我們並感動我們——儘管通常不是一次同時發生。一個受基督引導的人，應該走在通往真理的軌道上，這意味著雖然我們現在並不知道所有的真理，但一年後我們會知道一些。有些罪我們今天沒有意識到，但下週我們可能會知錯悔改。我們今天所執著的自私，也許明天就會被要求要放棄。

在我們的一生中，藉著**聖靈**的能力、**神的話語**的智慧以及教會的裝備，我們要努力達到「滿有基督長成的身量」，在每個時節都變得更像祂（以弗所書 4:13）。這並不意味著我們的道路，從A點到B點是一條直線，但這確實意味著我們生活的道路，應是由真理所鋪成——由上帝的真理，而不是我們的真理。

我們嚴守神的真理，不僅會影響我們如何閱讀《聖經》或選擇什麼教會，一般來說，也會影響我們如何判斷是非。

在探索嚴守神的真理對我們造成影響的過程中，我們即將涉入一些更深入（也更具爭議性）的話題。請跟隨我的腳步，一起深入探討持有「我的真理」的心態，如何影響文化和政治。

取消（指控）

跟隨上帝，意味著擁抱客觀的真理，而不是愛我們自己的真理。我們將《聖經》視為正確與錯誤的穩定標準。如果不相信上帝是最終的道德權威，人們就會自行決定善惡。如果，正如自我肯定崇拜所說的那樣，我們都是自己的神，誰能說誰的道德標準是可以強制執行的呢？如你所知，這種道德主觀主義聽起來令人困惑和混亂，那是因為它就是如此。提示：取消文化（cancel culture，或稱指控文化）。

二〇一九年二月，十八屆大滿貫網球冠軍瑪蒂娜・娜拉提洛娃（Martina Navratilova）為《星期日泰晤士報》（*The Sunday Times*）撰寫了一篇文章，這讓她陷入了引起爭議的「公憤」。

在文章中她認為：「數百名運動員透過降低激素治療，並聲明他們改變了性別。他們成為女性後，已獲得了超越他們原本身為男性時所具有的能力和所能得到的榮譽」，這是「作弊」。跨性別團體 Trans Actual 將這些評論標籤為「跨性別恐懼症」（transphobic），並在推特（X）上表達了他們不同意這些言論。娜拉提洛娃是一名女同性戀者，但很快就被運動員盟友（Athlete Ally）除名了，該組織致力於擁護非異性戀（LGBTQ）運動員，以前也曾支持過娜拉提洛娃。推特（X）上憤怒的暴徒譴責她是一個可恨的獨斷言論者。

當然，從任何邏輯標準看，娜拉提洛娃都是對的。即使文化標準發生變化，我們在六年級生物學課程中學到的內容並沒有改變。男性的骨密度比女性高，有氧和無氧能力更高，肌肉量也較多，通常也比女性更具衝勁，即使降低睪酮的激素治療會略微降低這些特性。這使得大多數自認為是女性的男性，在體育競賽中比生理上的女性更具優勢。

國際奧委會自己的跨性別運動員標準證明了這一點。雖然自稱為男性的女性能不受限地參加男性比賽，但自稱女性的男性必須證明自己的睪酮激素在比賽前十二個月內一直低於某一水平。如果男性和女性之間在生理上沒有顯著的差異，那就沒有必要制定關於跨性別運動員的規則了。但事實上，男女在生理上確實有顯著差異。奧委會的這個規則就是為了盡量減少男性和女性之間，永遠無法達到完全一致的生理差距。

娜拉提洛娃深知男性擁有的運動優勢。一九九二年，她在拉斯維加斯的按次付費節目中與吉米・康諾斯（Jimmy Connors）對打。康諾斯只獲得一次發球機會，而娜拉提洛娃則可以打入雙打球道得分。儘管如此，康諾斯還是以七比五和六比二的成績獲勝。一九九八年，德國網球選手卡斯騰・布拉什（Karsten Braasch）（世界排名第二〇三名）與威廉斯姐妹倆（Williams sister）進行了一場比賽，大獲全勝。小威廉斯（Serena Williams）本人在二〇一三年表示，如果她的對手是安迪・莫瑞（Andy Murray）[3]這樣的球員，她會在「五到六分鐘內，以六比〇，六比〇輸掉這場球賽。」

然而，在輿論**取消文化**的領域裡，這些因素都沒有被考慮在內。「取消」（Canceled）是指當輿論法庭（主要在推特（X）上舉行）判定你在生活中任何時候所說或所做的事情不被當今的社會和道德標準所接受時，在你身上會發生的判決。取消者呼籲大眾抵制你的節目或產品，要求雇主將你從工作地點解僱，要求將你從平臺

3. 譯註：安迪・莫瑞，單打最高，世界排名第一，三座大滿貫得主。

驅逐（deplatformed），即撤銷社群媒體和保有你言論的應用程式資格，瞄準你刊登廣告的廣告商，向與你相關的組織施加壓力，讓他們與你斷絕往來。他們會不擇手段地達到取消的目的。

取消文化完美地描繪了世俗世界如何在沒有絕對真理的情況下，執行道德規範：正義的界限根據最新社會一時興起的念頭而不斷變化。因為沒有客觀的是非對錯標準，人們的感受就是我們道德的唯一依據，這意味著通常由具有最大文化影響力的群體負責執行。那麼，依此類推，昨天還能被接受的標準，明天就不能被接受了。

有時人們會因為正確的原因被指控。以好萊塢製片人哈維·溫斯坦（Harvey Weinstein）為例，他被指控為連續性侵犯者。二〇一七年，《紐約時報》（*The New York Times*）記者揭露了關於他三十年來不當性行為的重大指控，其中包括向女演員提供電影角色以換取性行為。羅南·法羅（Ronan Farrow）在為《紐約客》（*The New Yorker*）撰寫的報導中指出，有十三名女性指控溫斯坦性侵或性騷擾，其中三名女性指控他強暴。自從這些指控浮上檯面以來，已有八十多名女性聲稱自己是溫斯坦性侵的受害者。

這份報導讓群眾立即產生對溫斯坦的強烈抗議，而且抗議起了催化效應。這起醜聞引發了名人領導的**我也是**（#MeToo）和**到此為止**（Time's Up）運動，這些運動主要關注於女性分享她們遭到性騷擾或性侵的故事。二〇一七年以來，有許多知名人士站出來披露了他們遭受性侵的經歷。民眾的憤怒對溫斯坦和其他像他一樣的人，他們對話討論的中心仍然是，關於權力和贊同的文化。

但這一切仍然存在一個問題。雖然溫斯坦當然應該被指控，但他並不是突然成為一名眾所周知的性犯罪者。早在報導出來之前，他的惡名在好萊塢早就已經是一個公開的祕密。一些名人——葛妮絲·派特洛（Gwyneth Paltrow）、寇特妮·洛芙（Courtney Love）和賽斯·麥克法蘭（Seth MacFarlane）——早在十多年前就公開暗示溫斯坦的不當行為。二〇一七年十二月，《紐約時報》發表了一篇題為〈溫斯坦的同謀組織〉（Weinstein's Complicity Machine）的文章，分析了溫斯坦的「刀槍不入之牆」，這些牆是由好萊塢具有權勢的精英和透過他所支持的民主黨政客，像柯林頓（the Clintons）和歐巴馬（the Obamas）夫婦等人所建立的。

這可能是有史以來第一次有名人公開談論關於性的道德觀。他們突然鼓起勇氣指責的行為，早已受到好萊塢以外的人士所譴責。只是忽然間，關心性行為和權力動態（power dynamics）成為一種時尚。但我們這些擁有《聖經》世界觀的人並不需要好萊塢來告訴我們這些我們一直都知道的事：像哈維．溫斯坦那樣的行為是不對的。

我認為**我也是**這個運動帶來了很多好處。以前不敢站出來說出自己故事的女性，如今找到了發聲的力量。好萊塢和主要媒體公司的涉案者已被追究責任。這也向我們顯示，這起事件引起的道德震盪主要基於群眾的憤怒，但群眾的標準變化無常且不可靠。這個標準會受到「我的真理」的影響，而「我的真理」會改變，因此那不是真的真理，真的真理是不變的。

二〇一八年，克裡斯汀．布萊西．福特（Christine Blasey Ford）博士對最高法院提名人布雷特．卡瓦諾（Brett Kavanaugh）提出了一項嚴重的性侵犯指控——當他們十七歲時，在一次聚會上，卡瓦諾將自己強壓在她身上，性侵未遂。最終，這些說法仍然無法證實，卡瓦諾確認當選。

卡瓦諾傳奇的女權主義口號是：「相信所有女性。」不用去聆聽所有女性的心聲，不要去關注她們的故事，也不要把她們當一回事，但請相信她們。卡瓦諾的女權主義標準從聽取女性的意見轉為毫無疑問地完全接受她們，因為群眾對有毒的男子氣概（toxic masculinity）所產生的憤怒，加上對保守法律制度的恐懼，主宰了一切。因此，無論你對卡瓦諾的指控所遭遇的重挫持何種立場，都很容易看出這種心態不是基於真理，而是基於文化趨勢、政治權宜之計和情緒。這對任何人來說都不是一個公正的標準。

如果沒有客觀的是非標準，這就是一個由主觀真理統治的世界所能做的最好的事情：接受暴民定義的道德標準。誰能掌控我們的通訊和資訊方式，就可以仲裁什麼是真、什麼是假、什麼是對、什麼是錯、誰被取消（指控）、誰不被取消（指控）。

這不是基督徒應該參與的文化。我們不會根據民眾最新憤怒的動向來辨別善惡。我們不用推特（X）作為我們的真相來源；我們使用**神的話語**作為我們的真相來源，因為它永遠不會改變。我們不必受文化相關性的波動所困擾，我們有上帝的絕對真理作為我們的依靠。

這並不意味著基督徒不會誤解神的話語。有些基督徒試圖用《聖經》為奴隸制辯護，現今有些人可能試圖透過《聖經》命令妻子順服丈夫來寬恕丈夫對妻子的虐待。但這些對罪惡的錯誤解釋並不是在說上帝不可靠，而是說我們該檢討我們自己。

無論主流曾經相信什麼，即使是那些自認為是基督徒的人，奴隸制一直以來是個錯誤的制度。奴隸制總是將人當成工具，降低按照上帝形象所造的人們的身分。任何形式的虐待、勒索或不公正都是錯誤的，而這些行為永遠都是錯的是因為上帝這樣說，不是因為名人、政客、法院或有影響力的人這麼說。

英國廢除奴隸制的先驅威廉．威爾伯福斯（William Wilberforce）說得最好：「如果我們的道德體系是基於《聖經》而不是文化基督徒（cultural Christians）[4]所制定的標準，那會有多大的不同。」我想補充一句：「或者是根據各自的文化所制定的標準，也將大不相同。」

意識到我們或任何其他人都沒有權力決定真理和道德標準，這就是自由。「我的真理」和社會的「真理」總是變化、獨斷的，要跟得上總是令人筋疲力盡。有時憤怒是有正當理由的，但這種理由並不是由當權者來定義；它是由上帝所定義的。

要抵制世界起伏不定的道德標準並不容易，尤其是當它的「原因」聽起來好像很合理——甚至是打著《聖經》的名號的時候。

社會正義

也許你已經聽過「社會正義」這個名詞。社會正義最初是天主教會用來描述為窮人和邊緣群體謀福利的服務和政策的一種概念，現已演變為包括大部分左傾政策，例如財富再分配、墮胎、社會化醫療照護和不受限制的移民政策。

社會正義已成為既是人們關心的一系列事件的成因，也是一種看待世界的方式。它是現代美德的決定因素，但其基礎是主觀「真理」，而不是絕對真理。正因如此，雖然這聽起來富有同情心和勇氣，但這不是我們需要進入的領域。

「社會正義戰士」已經成為對那些不斷被冒犯的人的貶義詞，但社會正義的世界觀比政治的正確性和超敏反應更為複雜（也更重要）。當今主流政治和社會各界能透過社會正義世界觀的視角看到世界。

社會正義主要關注的目標是平等。社會正義的倡導者看到的是在財富方面、在監獄中判刑、在校生畢業率、在人們得到成功的比率、在政治代表權、在各種待遇等

4. 譯註：文化基督徒是指從小生長於基督教文化，長大後並不認同基督教文化。

方面，存在著不平等的差異。社會正義的捍衛者將人們分為「被壓迫者」或「壓迫者」，其目的是打壓壓迫者、扶助被壓迫者，從而縮小這兩個群體之間的差距。

社會正義利用多元交織性（intersectionality）來決定誰有資格成為被壓迫者，誰有資格成為壓迫者。多元交織性依種族、國籍或性別取向來評估個人的特性，並根據他們在過往屬於多少個被認定為邊緣化的族群，依此給予他們被壓迫的「分數」（points），因為找不到更合適的詞彙。你擁有的分數越高，就越有可能被歸類為被壓迫者。

例如，在受到多元交織性所驅動的社會正義的世界中，男性被認為比女性享有更多特權，因此男性扮演了壓迫者的角色，而女性就是被壓迫者。要了解這在現實生活中所發生的情況，請細想「性別薪資差距」問題。

這種說法是，男性每賺一美元，女性只賺零點七九美元，這表明了男性主導的制度壓迫女性。聯邦法律提出了一項解決方案，就是除了一九六三年通過的《同工同酬法》（Equal Pay Act）之外，還有另外的聯邦法律，該法律將確保男女同工同酬。

從某方面來說，這種說法是正確的。如果不考慮工作時間、教育程度或職位等因素，男性每賺一美元，女性確實只能賺零點七九美元；這稱為無法控制的差距。但當所有因素都相同時，男性每賺一美元，女性就能賺到超過零點九九美元——這之間的差異在誤差範圍內。換句話說，男女之間的「薪資差距」實際上不存在，即使存在微小的差距，也沒有證據能證明這是不公正所造成的。

瑞典是世上最平等、最進步的國家之一，已採取一切立法來努力縮小男女薪資的差距，例如：保證兩性享有相同的帶薪育兒假，但瑞典女性的收入仍遠低於男性。為什麼呢？因為這是女性做出的選擇。在勞動人口中，休育兒假的絕大多數為女性。她們的平均工作時數比男性少，而她們傾向於選擇比大多數男性較少薪資報酬的職涯。即使在一個由社會正義所規範的社會中，女性和男性在本質上本來就不一樣，因此男女集體的表現結果也就不同。

差異總是意味著帶有歧視的假設，但那是基於感覺而不是事實。經濟學家湯瑪斯·索維爾（Thomas Sowell）在他的著作《尋求普世正義》（*The Quest for Cosmic Justice*）中將「社會正義」一詞換成了「普世正義」，因為社會正義宣導者為之奮鬥的是遙不可及的無形結果。索維爾是這樣描述普世正義的：

普世正義……是關於社會中因受到了一些不該發生不幸的特定群體，將他們放回本來應該在的位置。這種公平的概念要求負責執行的第三方，必須擁有能掌控結果的權力，並要能凌駕於規則（或）標準之上。

社會正義關心的不是機會平等，而是結果平等。要做到這一點，就必須阻擋那些走在前面的人並敦促那些落後的人。如果沒有政府力量的介入，是絕不可能實現結果平等。

社會正義的例子例如種族賠償，將美國白人的財富重新分配給黑人，以補償長達數十年奴隸制所造成的影響；平權行動（affirmative action）給予某些種族的學生優於其他種族學生的待遇；或者是社會主義，將社會頂層的財富轉移給社會底層的人民，以實現財富平等。所有這些實際上都在懲罰較有「特權」的族群，以支持被認為較無特權的族群。

當然，有些差距確實顯示真正的不公正。顯而易見地，依美國南方吉姆・克勞法（Jim Crow South），白人和黑人之間的不平等是由於可怕的歧視和種族主義造成的。美國南方吉姆・克勞法中規定「隔離但平等」，本質上已是不平等的裁決，但最高法院卻認為這條法律是正義的。

不同之處在於，這項裁決是基於可證明的（provable）不公正，而不是基於可感知的（perceived）不公正。這是社會正義與實際正義之間的主要差異。社會正義涉及感知；實際正義要求要有證據。這就是基督徒應該關心的原因：我們跟隨上帝，這位至高無上的**立法者**（Lawgiver），這意味著我們在所有事情上都應該追求真理。

如果上帝是我們道德和真理的唯一來源，那就表示祂也定義了正義。根據《聖經》，上帝的公義不會根據人們被定義的身分群體來評斷他們。《聖經》的正義關注的是公正，而不是任意地計算如何阻止一個群體並提升另一個群體以實現平等的結果。〈利未記／肋未紀〉19:15 解釋了上帝關於公正的正義的觀念：「你們施行審判，不可行不義；不可偏護窮人，也不可重看有勢力的人，只要按着公義審判你的鄰舍。」

上帝反對偏心，既不偏袒弱者，也不偏待強者。正如〈雅各書〉2:8-9 所說：「經上記着說：『要愛人如己。』你們若全守這至尊的律法才是好的。但你們若按外貌待人，便是犯罪，被律法定為犯法的。」

上帝是正義之神。祂關心的——不僅是在法庭上的法律，還關心我們如何對待真正被邊緣化的人：被遺棄的、窮人、弱勢團體和受害者。上帝的公義意味著讓受壓迫者復興，也意味著對不法之徒的懲罰。

這意味著基督徒確實關心一系列與正義相關的問題，包括種族主義、貶抑女性、勒索窮人、施暴和性交易等，僅舉幾例。我們致力於以和平取代仇恨，以正義取代不公義。我們主張追究那些做錯事的人的責任，並為無辜者而戰。

當我們為「這些中最弱勢的」而戰時，並不需要與世俗世界對「社會正義」的定義混為一談。《聖經》中的正義既真實又直接，它並不主張基於對特權的認知來懲罰整個群體。它也沒有要求那些被某一團體視為更有特權的人將收入交給政府，以政府認為合宜的方式重新分配。當耶穌呼召祂的跟隨者去照顧「這弟兄中一個最小的」時，這是一項對個人的命令，而不是一種在官僚體制下的命令（馬太福音 25:40）。

基督徒沒有被命令要基於受到群體的壓力去尋求平等的結果，因為首先，我們知道要得到這種結果是不可能的。正如湯瑪斯・索維爾指出的那樣：「如果兩個人都來自同一個家庭，在同一個家庭中長大，但他們的生活都有著不同的結果，我們怎麼能期望來自不同背景的人能有相同的結果呢？」

其次，基督徒不會從集體不滿的角度來看待人。我們將人視為個體，是按照上帝的形象所造的，有價值且平等，除了基督以外，所有人都將死於罪中，並對自己的行為負責。《聖經》沒有提供我們如何看待彼此的任何其他選項。我們的經驗甚至種族很重要，但它們最終不能定義我們，我們是由耶穌定義的。在基督的身體裡，沒有以多元交織性理論評斷人的容身之處。

這種說法沒有忽視人們確實面臨的不利條件，也沒有忽視地球生活不可避免的不公平競爭環境，當然也沒有規避身為基督徒該幫助有需要的人的責任。《聖經》說得很清楚：「多給誰，就向誰多取」（路加福音 12:48）。還有「我實在告訴你們，這些事你們既做在我這弟兄中一個最小的身上，就是做在我身上了。」（馬太福音 25:40）

但基督徒需要明白，這不是政府的工作，也不是「社會正義」。這是教會的工作，這就是基督徒一直被呼召要做的事。這不是因為對那些比我們擁有更多的人懷有怨恨，而是因為〈福音〉的力量，〈福音〉號召我們無差別待遇地愛別人——依字面解釋為「愛人如己」（加拉太書／迦拉達書 5:14）。只要〈福音〉存在，它就足以驅動真正的公義。

正是這部〈福音〉使威廉・威爾伯福斯不得不領導反對奴隸制度。正是這部〈福音〉激勵了像迪特里希・潘霍華（Dietrich Bonhoeffer）和柯麗・特恩・鮑姆（Corrie ten Boom）等英雄在納粹大屠殺期間為猶太人提供庇護。今天，正是這部〈福音〉反對性奴役和殘殺子宮內尚未出生的嬰兒。這些運動是由看到真正不公義的現象並願意承擔責任的個人所組成，透過上帝的力量來制止這種現象。基督徒並不需要「社會正義」。我們有**神的話語**作為我們的指南，告訴我們該關心什麼事及如何為之奮鬥。

如果沒有《聖經》作為我們正義的基礎，我們所得到的系統就基於我們所擁有的唯一工具：自我，而沒有最高的道德**立法者**。自我所能做的最好的事就是，一種基於感知的正義，而不是基於客觀標準的正義和真理。

社會正義給了我們過於簡化的世界觀，即被壓迫者與壓迫者之間的對立。這種區分方式在任何時候應用在所有人身上，只會導致更多的不公平，而不是減少不公平的發生；因為社會正義擁護者的目標是，透過整個宇宙的計算來達到完全平等的這種不可能的結果，而這些計算旨在以犧牲一個群體為代價來幫助另一個群體。

以多元交織性為主導的社會正義提醒我們，世界的正義標準是令人疲憊不堪且難以捉摸的。世界對正義的定義是獨斷、令人困惑且沒有效果的。好消息是，基督徒有不變的上帝作為我們的嚮導。如同我們拒絕個人生活中，「我們自己的真理」的概念一樣，我們也可以在社會政治的領域中，摒棄世俗對正義的定義。

我們很容易陷入這樣的陷阱，認為我們必須與社會正義倡議者保持一致，才會被認為是富有同情心和同理心的。我們希望被視為好人，我們不想引起爭議；所以我們順其自然。我們讓推特（X）的世界左右我們的憤怒，讓頭條新聞形塑我們的世界觀，讓我們最喜歡的 Instagram 上有影響力的人來塑造我們的道德標準。

但你猜怎麼著？我們完全不必擔心世上的人是否認為我們有同情心。事實上，我可以根據經驗告訴你，如果你在墮胎和婚姻等有爭議性的話題上與《聖經》保持一致，你就會被貼上貶抑女性偏執者的標籤。那些完全不相信上帝的人也會告訴你，你會下地獄。儘管有時很難接受，但那沒有關係。當我們意識到我們沒有回應憤怒的暴民時，都鬆了一口氣。我們以堅定、虔誠且肯定的態度回應基督，那位呼召我們要與暴民區分開來並要順服的祂。

雖然大多數人的價值體系建立在感覺良好和方便的基礎上，但基督徒卻被要求達到更高的標準——一個保證要做到克己（self-denial）和面對困難的標準，這意味著我們和世界之間永遠存在著緊張關係。但那挺好的。我們在這裡應該會感到不舒服，因為這裡不是我們的家，天堂才是。當我們努力確保上帝的旨意「行在地上，如同行在天上」時，我們可能會遇到阻力和迫害。

為了回應服從高於世俗權威的王以獲取的自由和快樂，而祂的真理是堅定的，與最新的文化教條形成對立，這些只是微小的代價。當面對困惑時，我們能從祂的**話語**中得到清楚的答案。

有毒的自愛文化告訴我們，我們「足以」決定自己的真理。但如同我們討論過的，我們的真理，只會是一種無法保持恆久不變的真理且令人困惑。重要的不是我們或社會所持有的真理，而是上帝的真理。因為祂是完美的，而我們不是。

迷思

#3

你原本的樣子就是完美的

完美的悖論

還記得中學階段嗎？那段多麼奇怪的時期。每個人都如此痛苦地自我意識到因為不了解自己的身體變化而感到手足無措，這就是我所說的人格塑造時期。我們無往不利的那種可愛模樣已然消失，被迫培養出一種幽默感來與朋友互動及應對生活中的尷尬。

身為女孩，我們開始想做一些讓我們自己感覺較成熟的事情，例如化妝或刮腿毛。對我來說，其中一件讓自己感覺已經長大的事就是，除去眉毛的雜毛。我真的很想那麼做，但我媽不准我那麼做。她說我並不需要除毛，而她是對的。這並沒有阻止我從她的淋浴間裡拿起一把刮鬍刀，站在浴室的鏡子前，把其中一道寶貝的眉毛，削掉一半。當下，我立刻後悔這麼做了，因為隔天是學校的拍照日，我照了一張不是最好看的相片。

在我們生命的早期，我們女性就陷入了我所謂的完美的悖論：聽到並相信自己是完美的，但同時聽到並相信還有其他我們需要做或需要擁有的事物（或者不需要做或不需要擁有的事物），以使我們變得完美。

女孩們從小就被父母和老師告知，我們原本的樣子就是完美的。在某種程度上，我們相信這一點——即使在我們尷尬的中學時期。我們相信，如果我們能讓頭髮以正確的方式捲曲，如果我們的父母允許我們只塗一點睫毛膏，如果我們可以將眉毛用蠟脫毛，那麼也許——只是也許——我們就終於能展現我們所知的美好和完美。

完美的悖論伴隨我們一生，並以更深刻的方式表現出來。今日，我們最常在網路上的自愛和自助文化中看到這種悖論。珍・辛塞羅（Jen Sincero）在她的暢銷書《相信自己很棒》（*You Are a Badass*）中寫道：

> 「你很完美……你是唯一的你，現在和永遠都是。我再說一遍，你是唯一的你，而且現在和永遠都是。不要否認這個世界是你唯一能展現才華的機會。」

辛塞羅的觀點在這個流行自戀的世界裡很受歡迎：你的內在——真正的你——是完美的。你要做的就是，展現出這種完美，你就會感到快樂、成功和完整。

這種完美的「展現」，通常以閱讀、重複積極正面的口號、應用某些原則、整理我們的物品或整頓我們的飲食等形式。這些自相矛盾的訊息往往聽起來像這樣：

「你很完美……而這本書將會幫助你瞭解這一點。」「你很完美……你需要了解你的星座才能展現出這種完美。」「你很完美……重複這十句口號將會讓你相信這是真的。」「你很完美……掌握你的性格類型就能證明這一點。」

「你本來的樣子就很完美」這句話，通常就像是特洛伊木馬病毒程式（Trojan horse）對產品或程式的用處，它承諾會讓我們的生活變得更美好。這意味著如果沒有這些產品和程式，它就是一句空話。如果我們本來的樣子就是完美的，我們根本就不需要他們所提出的十個快速步驟來改善我們自己或我們的生活。

引發這一悖論是基於一種將自我發現視為自我接納或實現自我完美之路的哲學。自我發現的路上，有各種外在的力量阻礙我們實現、擁抱和展現真正完美的自我。

想想以下兩個來自Instagram上，以自愛為中心，廣受用戶歡迎的這些引言：

> 「社會引導我們相信，我們的目標就是要美麗，因為根據在白人至上資本主義下的男權社會裡，美麗=價值。」@自愛食譜（@recipesforselflove）

> 「我們的主流文化從你認為自己不值得被愛的信念中積極獲利。」@艾蜜莉的生

活（@emilyonlife）

這兩段引言的共同的主題是，社會標準、社會結構、汙名、你的父母、你的男友、資本主義、男權社會、水星逆行（mercury in retrograde）等等都在壓抑你真實、無拘無束的自我，從而損害你擁有美好生活的潛力。如果你能擺脫這些人和這個體系帶給你的不公平負擔，你最終會發現真正的自我，找到你一直渴望的滿足。

從這個角度來看，你沒有缺點——只是你的特質被低估了。你沒有犯錯——只是你做了「恥感文化」（shame culture）讓你感到內疚的決定。你從來沒有失敗過——你只是拒絕了社會不切實際的成功標準。

瑞秋・霍利斯（Rachel Hollis）在《女孩，別再道歉了》（*Girl, Stop Apologizing*）一書中指出：「對一般女性而言，故事是這樣的。當妳來到這個世界上時，妳就是完全且徹底的妳自己。成為真正的自己並不是一個有意識的決定；成為真正的自己是本能。接著，事情發生了變化。生命發生了一件大事，一件會影響妳餘生的事情，即使當時妳並沒有意識到這個變化；那就是，你學到了關於期望這件事。」

基本前提是，妳的內心深處是完美和純潔的，就像顆未經雕琢的鑽石一樣；當妳剝開層層阻礙妳的社會規範和專斷的期望時，妳就會意識到這個現實。

哪個部分是謊言呢？

首先，讓我們理解一下這種心態的真實情況。有些期望是壓抑且有害的，就像妳不必穿得下二號尺碼的衣服才認為自己漂亮。你不必完美地平衡工作和母親身分才能認為自己「擁有一切」。你不必在三十歲前經濟獨立且富裕才認為自己成功。你不必保持安靜才能被認為友善，也不必大聲喧譁才表示自己有膽識。社會不應該規定妳是誰或妳應該做什麼。

妳是一個獨立的個體，這意味著妳的生活不會和其他任何一個人的生活一樣。妳有自己的才能，有自己的個性，有自己的優點和缺點。有些人對妳的批評可能是判斷錯誤的，或者只是誤解了妳。這些批評是可以忽略的。

因此，你必須做出困難的選擇，對自己的人生負責，並擺脫不健康的關係。

但這些事情都不會讓我們變得完美，因為「我們真正是誰」的答案並不是一個被不公平的社會標準或不健康的關係所破壞的完美無瑕的女神。

妳原本的樣子並不完美，而且永遠也不會完美。

《聖經》清楚地向我們揭示了這個事實。從《聖經》的角度來看，只有兩種自我：**舊我和新我**。舊的自我被罪惡所奴役，迷失了方向，在所有錯誤的地方尋找愛和滿足。舊我是完全道德敗壞、絕望的，是神的敵人，註定要被摧毀。這就是我們所有人在基督之外的樣子。

新的自我已經被基督救贖，被良善所奴役，擺脫了罪的捆綁。新的自我擁有永恆的希望、穩定的喜樂和無與倫比的平安，因為她的靈魂已經被上帝拯救了。她與祂和解，成為祂的朋友，並將永遠與祂同在。新的自我被賜予了正義，那個正義並非來自她自己，而是來自耶穌。

新的自我追隨她的**創造者**，明白並不是「宇宙」給予了她力量和方向，而是創造她的上帝所賦予。在祂的**話語中**，祂告訴她什麼是「良善、公義、誠實」，並透過祂的聖靈賦予她追求一切「良善、公義、誠實」事物的能力。(以弗所書 5:9) 她知道神對她的生活有期望，而她也努力去滿足這些：諸如誠實、純潔、努力工作、慷慨、快樂和克己等期望。祂對男性和對女性有著不同的期望。祂對父母、對孩子、對已婚人士和對單身人士都有所期望。

新的自我將這些期望視為愛她的**天父**所設定的良好界限，而非抑制阻礙實現她的「真實的自我」，因為她的「真實的自我」是上帝呼召她成為的人，天父賦予她權力愛祂和其他人並追求聖潔。這意味著錯誤、失敗和罪惡確實存在，錯誤、失敗和罪惡不僅是值得學習的經驗。這些也不是別人的過錯或我們性格類型中的一些典型而無害的習慣，他們是令人後悔的選擇。並非所有禁忌都需要「去汙名化」或「正常化」。對基督徒來說，有些行為是種恥辱，是不正常的，因為上帝說那些行為就是如此。

在〈哥林多後書／格林多後書〉第七章中，保羅因罪而「依着上帝的意思憂愁」而感到喜樂，這種憂愁會帶來悔改。如果沒有因罪而感到的悲傷，我們就不會受到感動而轉身遠離罪惡，並重新調整自己以符合神的旨意。如果神如此關心罪，以至於讓祂以兒子的死亡來付出代價，那麼我們也應該關心罪。〈羅馬書〉第六章提醒我們，神的恩典不是犯罪的藉口，而是我們抵抗罪的真正原因。

我們的生活目標是我們所做的一切事都順服神，這可能意味著我們所定義的成功並沒有實現。我們的呼召是「無論〔我們〕做甚麼，或說話或行事……都要奉主耶穌的名，藉着他感謝父上帝」並「都要從心裏做，像是為主做的，不是為人做的」（歌羅西書／哥羅森書 3:17, 23）。

養成健康的習慣有很大的好處，這往往會帶來一種成功的生活。事實上，〈箴言〉書中充滿了對懶惰的警告，以及對努力工作、規劃未來和做出明智決定的讚揚。這些事是為了上帝的榮耀和我們的益處，但它們並不能保證這會是世人眼中所謂的我們的「最好的生活」。它們是新的自我服從的結果，而不是「最好的自我」的表現。

「你原本的樣子就很完美」引導我們接受自己本來應該拒絕的自己的部分，在我們本應悔改時為自己找藉口，並相信自己身上那些沒有永恆價值的事情。

自愛的有毒文化充滿了空洞的陳腔濫調，而這些的傳播不是因為它們真實，而是因為它們可以增加點擊率並有利可圖。當我們想像自己是完美的，且在各方面都已足夠，這讓我們感覺很好。但正如我們之前已經確認過的結論，我們既非完美，也非在各方面都已足夠。然而那沒關係，因為神造我們為需要的人，渴望祂的力量和拯救，這比我們自以為自己完美無瑕的錯覺更讓人感到寬慰。

即使對於那些意識到自己的不完美和需要救主的女性基督徒來說，除了這個「你原本的樣子就是完美的」謊言本身之外，還有其他的面向仍需要我們注意。無論是否意識到，我們之中的許多人都著迷於一個想法：我們需要發現內心深處的「我們是誰」。所以我們轉向人格特質測驗。

二號側翼的一型人

每次我做九型人格測驗（Enneagram test），要不是得到「二號側翼的一型人（1w2）」（倡導者），就是得到第八型人格（挑戰者）。測驗的結果從來都不一致，這讓我感到非常沮喪。

如果你不熟悉，九型人格是一種人的性格測驗，它將人按九種不同的「類型」進行分類。你可以有「側翼」（wings），這意味著你有兩個相鄰數字的性格特徵所組成的部分。所以我是一個「二號側翼的一型人（1w2）」，意味著我有第一型人格，但也帶有第二型人格的特徵。

我在大學時就非常喜歡九型人格。大二時，一個和我住在同宿舍的女孩一直在談論九型人格，她讓每個聽過的人都相信它的準確性及其對人類靈魂具有令人難以置信的洞察力。在我自己進行測試並得到一個帶有兩翼的人格特性後，我同意了她的看法。我買了幾本關於九型人格測驗的書，多年來讓我認識的每個人都做了這項測驗。

我相信這個測驗比典型的人格測驗有更多實質內容，而且似乎也有靈性的成分。我甚至聽說九型人格是古代教會透過分析耶穌性格的九個部分而發展出來的。對我來說，這是了解自己和與他人建立關係有益的工具，這與《聖經》要求我們愛人如己的使命非常一致。

直到幾年後，我才開始注意到九型人格在基督教圈子裡受歡迎的程度。我看到一些事工和教會出售關於九型人格的資料，甚至進行關於九型人格的查經和講道系列。那時我才開始質疑：這樣合理嗎？

美國聖公會（Episcopal）牧師伊恩・摩根・庫恩（Ian Morgan Cron）在他所著的關於九型人格的書《九型人格的成長練習》（*The Road Back to You*）中寫道：「三年來〔作為一名新牧師〕，我嘗試了除了動手術以外的所有方法，好將自己轉變為我認為教會需要和想要的那種領袖。但這個計畫從一開始就註定要失敗。」他寫道，在他發現九型人格之前，他因為作為一位牧師而感到迷惘，好像他並不適合牧師這份職業。在發現自己的人格類型後，他意識到自己不需要改變任何事；他只需要被「喚醒」，並更了解自己。

庫恩主張，九型人格測驗有助於成聖。他寫道：「九型人格上的每一個數字都告訴我們一些關於創造我們的上帝的本質和性格。每個數字裡面都有一個隱藏的禮物，揭示了上帝的心意。因此，當你試圖因自己品格的缺陷而起訴自己時，請記住，每種類型的核心都是一個路標，指引我們走向並擁抱我們所需要的上帝的某方面的品格。」

我開始在基督徒中觀察到（並越來越擔心）這種關於測試的心態，這根本不符合《聖經》。認為宇宙之神會受到人類創造的九種人格類型限制的想法，充其量是愚昧的，就最壞的那一面看，就是褻瀆神靈。九型人格並不是我們對上帝知識的來源，《聖經》才是；自省不會帶我們走上成聖之路。這是一種新時代（New Age）的觀念，不是基督教的。

事實證明，九型人格是新時代哲學所遺留下來的風俗。它是由二十世紀初，俄羅斯裔亞美尼亞神祕哲學家和神祕學家喬治．葛吉夫（George Gurdjieff）首先提出了這一點，他相信人類存在於他所謂的「清醒的沉睡」中，透過學習鍛鍊結合身體、思想和精神的紀律，以喚醒真實、完整的自我來獲得更高的意識。葛吉夫和他的學生強調自我的重要性：自我實現需求（self-actualization）、自我完善（self-betterment）和自我培力。他的思想透過他自己和追隨者的努力，傳播到西方。

直到二十世紀後期，另一位神祕學家奧斯卡．伊察索（Oscar Ichaso）和他的學生克勞狄亞．納朗荷（Claudio Naranjo）開發了關於人格的九型人格，這被認為是人格分析的工具，旨在幫助人們自我觀察（self-observation）和超越痛苦。伊察索聲稱，九型人格是「天使長王子梅塔特隆（Metatron）」在他「處於某種欣喜若狂的狀態或出神的狀態」時向他透露的。納朗荷率先將心理治療與靈性和增強幻想的藥物相結合，他是一九〇〇年代末期所謂的「全球人類潛能運動」的領導者，其最終目標是每個人都能擁有個人幸福且充實的生活。在一九七〇年代，納朗荷的學生將九型人格帶到天主教團體。今天，它仍然受到一些天主教領袖的推動，例如方濟各會（Franciscan）修士理查．羅爾（Richard Rohr），也受到許多福音派基督徒的支持。

不斷關注我們獨特的屬性就會完全忽略上帝呼召我們執行事情的重點。上帝呼召我們每個人不是要成為「最好的自己」，而是要充滿聖靈的果子，根據〈加拉太書〉，聖靈的果子是由仁愛、喜樂、和平、忍耐、恩慈、良善、信實、溫柔和節制所組成。我們被要求體現所有這些品格，而不僅僅是我們與生俱來的特性。

此外，耶穌的跟隨者無需進行性格測驗就知道自己的身分、價值和人生目的。我們明白，每個人都是依造物主的目的所創造，造物主不會隨機行事。我們獨特的才能和恩賜很重要，那是要用來幫助基督作為祂的身體並榮耀祂。我們的身體是聖靈的居所，因此要順服神的旨意，正如祂話語中的提要，從這個意義上來說，我們是很特別的。我們很重要。

但基督徒也明白，我們是墮落的罪人，需要救主。與自愛文化的核心假設相反，我們的內心深處本非善良，而我們所做的任何事情都不值得上帝的憐憫。耶穌的跟隨者「從創立世界以前，在基督裏揀選了我們」（以弗所書 1:4），因此我們不能把自己的救恩或成聖歸功於自己。我們在祂裡面有不可逆轉且永恆的安全感，因為我們知道「立志行事都是上帝在〔我們〕心裡運行，為要成就他的美意」（腓立比書／斐理伯書 2:13）。我們被揀選並不是因為我們的善行，而是為了我們將要行善。無論我們如何自省，我們永遠找不到善良、完美的自己，因為善良、完美的自己並不存在。

上帝對基督徒的呼召，並不是要他們成為自己性格類型的最佳版本，而是要活得像基督。無論我們天生的傾向、優點或缺陷是什麼，我們基督徒都被呼召要過著聖潔的生活。我們都要從罪中悔改，我們都要服從，而且沒有任何一個古怪之處或特性可以使我們能不遵守上帝為我們設定的標準。

除非你明白你之所以重要，是因為上帝創造了你，並派遣他的兒子為你而死，否則你就會為了實際上並不存在的完美主義的獎賞而進行一場永無休止的競賽。你會不斷努力試圖讓自己變得足夠——足夠聰明、足夠有成就、足夠苗條、足夠有條理等等——卻發現能自給自足的，從來就不是你的天性。現在最好面對事實：你將會讓自己感到失望。

好消息是，神並沒有呼召我們不斷地內省和自我發現，我們終於可以擺脫不斷尋找自我的責任了。我們不需要尋找我們生命的目的或生活的意義；我們有價值，而且我們的生命很重要，因為*創造我們的上帝是這麼說的*。

不像人格測驗的作者們連你的名字都不知道，上帝在時間開始之前就認識你了。祂非常熟悉你的想法、動機、慾望、夢想，什麼讓你發笑、什麼讓你焦慮。祂在你尚未度一日之前，都將你的每一個日子寫在祂的冊上了（詩篇／聖詠集 139），並且祂在每個日子裡都與你同在。祂對你的愛給了你在人格測驗和你「尋找自我」的旅程中，一直在無謂尋找的安慰。

自愛的世界告訴我們，了解自己是幸福的本質。我們被告知，我們內在的完美一旦被發現並釋放出來，將使我們獲得成功並擁有平安。上帝卻告訴我們一些不一樣的觀點：認識祂給了我們尋求的平安，祂的愛給了我們尋求的信心。

一旦我們意識到自己是多麼不完美，以及自我發現對我們成就感的貢獻是多麼的微乎其微，就會開始意識到，我們作為自己命運的主人和生活的管理者，是多麼的不可靠。

這意味著，與其像我們經常受到人們鼓勵我們的那樣去追隨我們內心的引導而行動，我們應該質疑這種說法和舉動，真的對我們有益嗎？

你的感受是合理的……或者，它們合理嗎？

最近看到一篇文章，上面寫著「你的感受是合理的（Valid）……它們通通都合理，尤其是負面的感受」。我停止往下看，思考這個問題。這是真的嗎？我的憤怒、嫉妒或恐懼情緒都是合理的嗎？

一方面，聽到我們的情緒是合理的，令人感到欣慰。沒有任何事——我是說沒有任何一句話——比當我們心煩意亂時，被告知要「冷靜下來」更讓人火大了。顯然，如果我們能夠冷靜下來，我們早就採取了這個選項。沒有人會**試**圖做出與當前情況不相稱的反應，即使我們這樣做，我們也不想被人從高姿態告知。我們希望聽到，我們的眼淚、憤怒或恐懼是可以被理解和接受的。

但是，我們所有的感受都是合理的，這種說法是**真的**嗎？**合理**意味著合法，具有邏輯和事實基礎。我不知道你的情況，但我有很多感受完全不是基於實際狀況。

回想起高中時期，那時候的我確信我的父母很討厭我，因為我有十一點的門禁，而我大多數的朋友都沒有。我想起在我一生中，我一直都很羨慕那些比我更漂亮、更有成就、更健康、更「沉穩自信」的人。我很容易可以想起很多時候，我對我的丈夫，因為沒有達到我（沒有明說也不切實際的）的期望而感到沮喪。

當你不管減掉多少體重，你還是不會感到自己受人看重，那是種怎樣的感覺呢？

如果考試成績將決定你的餘生，你會感到極度焦慮嗎？對於虐待妳的男友卻有一種瘋狂的依戀，這種感覺如何呢？如果你對另一位女性的丈夫有非分之想的那種感受呢？還有，如果心中有謀殺或自殺的念頭，又是怎麼樣的感受呢？

這些感受都合理嗎？

當然不是，因為它們並非根據真理。你的價值並非取決於你的體重。一系列考試並不能決定你的未來。跟會虐待妳的男友交往，對妳不好。別的女人的丈夫，不該是妳想要的。傷害自己或他人，不會讓你的生活變得更好。

區分真實和合理的感受很重要。我們的感受可能是*真實*的，因為我們確實感受到它們，但如果它們不是基於實際情況，那麼它們就是不合理的。我們的感受可能非常不理性。如果遵循它們，可能會讓我們陷入沮喪和絕望的漩渦。它們會讓我們對那些不該遭到我們怨恨的人遭到怨恨，它們會讓我們的頭腦充滿不必要的恐懼。更糟的是，它們會迫使我們說出或做出一些讓我們後悔，並會傷害我們周遭人的事。

為了確定我們的情緒是否真正合理，我們應該問自己一個簡單的問題：為什麼？為什麼我們會感到不安或恐懼？我們真正擔心什麼？我們實際上被什麼傷害了？

有一天，我在車上和我先生通電話。我們正在討論我在工作上遇到的問題，而我開始滿腔憤慨地謾罵。在我滔滔不絕的時候，他從手機切換藍牙，然後問我是否可以重複剛才說的最後一句話。

我非常生氣。「你是說真的嗎？」我回道（或我大喊？），然後我掛斷他的電話。談話結束後，我生氣了一個小時，一直沒有接他打來的電話，直到我回到家。

幾個小時後我想到這個問題：我是真的因為必須重複一句話所帶來的些微不便而感到生氣嗎？我先生切換手機藍牙真的有做錯什麼事嗎？我不得不深吸一口氣問自己：「到底是什麼原因，讓我如此生氣？」

一旦想到這一點，我知道我不是真的對他感到失望，我對工作上的處境很生氣。總而言之，我壓力很大。那週我有三場演講，加上這本書快截稿了，這讓我幾乎失去耐性。我希望我的咆哮不要被打斷，當我暫時失控時，我沒有絲毫的通情達理。

我當時對他的怒火是真實的，但那是不合理的，因為他並沒有做錯任何事。因為我順從了不合理的憤怒，所以我猛烈抨擊並引爆了一場不必要的爭吵。

雖然所有合理的感受都是真實的，但並非所有真實的感受都是合理的。這意味著我們可以承認我們情緒的存在而不用肯定它們。問一下「為什麼？」這個問題，可以幫助我們區分出合理和不合理感受之間的差異。有時我們只需要深入瞭解一下，就會發現我們的邏輯不通。執著於一種不合邏輯的情緒，只會讓我們和所愛的人感覺更糟，而不會更好。

自愛的文化告訴我們，我們的感受是合理的，因為在內心深處，我們是完美的。因此，我們可以且應該相信自己。但這既不合理也不符合《聖經》。正如已經討論過的，我們實際上有根本的缺陷，這意味著我們的感受也同樣有缺陷。

《聖經》中清楚地表明，雖然情感能力是上帝賦予的，但我們不能無條件地追隨感受。反之，它們應該被真理束縛，並服從《聖經》的權威。

〈箴言〉中有很多關於控制我們的感受，而不是讓我們的感受控制我們的內容。〈箴言〉14:29 說：「不輕易發怒的，大有聰明；性情暴躁的，大顯愚妄。」

這句話有多真實？當我們很快地將自己的憤怒合理化時，常常會說出或做出愚蠢的事。大多數人會在生氣的當下，不經意地脫口而出一些傷人或嚴厲的話。上帝希望我們和我們周圍的人，不要依據我們的善變，有時甚至是不合理的感覺來做出選擇。

有時我們的感受——不只是我們外在的反應——不僅是不合法的，也是有罪的。在〈馬太福音〉第五章中，耶穌教導我們，罪是從內心開始的。他明確指出，恨和淫念是罪，所指的不僅僅是隨之而來的謀殺和姦淫。在同一章中，他提醒追隨者放下焦慮和恐懼。神給以色列人的第十條誡律是反對貪婪的命令。〈以弗所書〉4:31 指示基督徒要離棄一切「苦毒、惱恨、忿怒、嚷鬧、毀謗」。這意味著我們需要忽略和悔改某些感受。

〈耶利米書／耶肋米亞〉17:9 警告我們，我們的心「比萬物都詭詐，壞到極處」。從我們內心流露的情感可能完全不合理：它們可能完全基於謊言。為什麼要跟隨上帝都承諾它會讓我們誤入歧途的一顆心呢？

那些崇拜自我之神的人別無選擇，只能驗證自己的感受，因為感受是他們用來判斷真相的唯一權威，這是令人筋疲力盡且自我挫敗的（self-defeating）。那些急於認同每一種消耗他們情緒的人的特徵是，缺乏承諾、自私和處於破裂的關係中，因為他們的憤怒、不安全感或嫉妒，不斷地侵蝕他們最好的一面。

但那些敬拜《聖經》中上帝的人知道，我們的情感在我們的生命中沒有最終決定權，上帝才有。我們的感受會改變，但上帝不會變。我們的每一個思想都要「將人所有的心意奪回，使他都順服基督」（哥林多後書 10:5）。這並不意味著我們假裝自己的情緒不存在；而是意味著我們評估它們、檢查它們，並根據現實和**上帝的話語**來權衡它們。我們將它們交給我們富有同情心、用心傾聽的天父，祂會聽到我們、看見我們，並在我們祈求之前就知道我們需要什麼（馬太福音 6:8）。

我們感情不可信賴的本質顯示我們的不足。我們還不足以知道哪些感受是正確的，哪些感受會引導我們走向錯誤的方向。

當審視自己的內心時，我們找不到值得追隨的心，也找不到值得崇拜的完美女神。我們發現一個不夠好的女孩，需要她的造物主引導。祂告訴我們，我們是誰，使我們腳踏實地且堅定。有影響力的人告訴我們，我們是美麗和偉大的，卻永遠無法使我們腳踏實地且堅定。

然而，身為女性，我們渴望被告知——即使是網路上的陌生人——我們是被接納且具有吸引力的。因此，當我們聽到「身體自愛」（body positive）運動的訊息告訴我們，要愛自己原本的樣子時，我們就會洗耳恭聽。

身體自愛

我在懷孕期間體重增加了六十磅，只比建議的二十五磅多了一些。它一半是嬰兒，一半是水，還有很大一部分來自吃了福來雞（Chick-fil-A，美國連鎖速食店）。我從來沒有真正意識到這一點，儘管看著我關注的懷孕部落客們，她們在懷孕期間總共只增加了大約八磅，感覺上這很不容易。但因為我喜歡健身，所以我知道，一旦女兒出生，我的體重就會重新回到正軌。我完全能接受這樣的體重變化。直到有一天，我決定看一下剛剛發布在臉書上的影片所得到的評論。

「好吧——有些是嬰兒體重，而且還要加上**嬰兒的體重**。得了吧。」

「壓力會導致人們暴飲暴食。看起來這就是在妳身上所發生的情況。也許妳需要留一點時間給自己。」

「哇。你真的胖很多。」

「你超胖的。」

這些只是部分的評論——我將它們一字不漏地列舉出來。在那之前，我從來沒有因為網路上對我的刻薄評論而哭過。我在網路發布我的社會和政治評論影片已經將近四年的時間，我也收到過一些恐嚇信件和令人討厭的評論。可悲的是，當你與公眾分享你的觀點時，有些負評就會隨之而來。但在我懷孕七個月的時候，情緒比平常更敏感；我意識到我看起來並不是我最好的狀態。我對工作感到壓力，對嬰兒的出生感到緊張，對孩子出生後的生活會是什麼樣子感到焦慮。這些評論把我推到情緒的邊緣，我整個人崩潰了。

我本來可以從社交媒體上散布的許多「身體自愛」的訊息中尋求安慰，這些訊息告訴我，無論如何，我的身體都是完美和美好的，而且我需要愛自己到不用在乎別人想法的地步。所有這些訊息可能都能稍微減輕我的痛苦。但我從大學期間曾有過的飲食失調所得到的經驗了解到，膚淺的肯定能做的也僅限於此。

所以我必須提醒自己，有更深層的真理存在：上帝創造了我，並賜福給我一個孩子，祂巧妙地創造了我的身體，讓我有能力懷著她到現在這個時刻。當然，我本來可以多吃沙拉、多鍛鍊身體，但現在我無法改變這一點。與沉溺在陌生人的評論中相比，我面前有更重要的任務；我要成為最好的妻子和母親，努力工作並記住我的價值所在。

我真的很欣賞我們的社會在社群媒體和廣告上呈現不同體形和尺寸的方式。確實，二號尺寸的體態並不能壟斷美感。儘管網路上有一些「身體自愛」的角落，縱容著看似不健康的生活方式的例子；但我認為，邁向照片未經修圖處理和未經濾鏡方式描繪的各種真實女性，是朝著正確方向發展的新腳步。

問題在於，這場「身體自愛」運動試圖傳達的訊息，這就是我們在整章中一直在揭露的謊言：你原本的樣子就是完美的。再說一次，我們的完美並不存在於我們找到安慰的地方。當我們嘗試找尋安慰時，最終會比之前感到更加沒有安全感和傷心。

以安潔莉卡（Angelica）的故事為例。

安潔莉卡的強迫性飲食開始消耗她的生命。她八歲那年，父親過世，她在一種極度的渴望中長大，但她並不確定那是對什麼的渴望。在整個高中和大學期間，她了解到男性的關注可以滿足這種渴望——但只是短暫的。與一位男性墜入愛河成了她的人生目標。「如果我不和一個男孩說話，我真的感覺自己快要死了，」她說。

她開始相信，如果想找到真愛，她不僅需要變得美麗，而且還需要相信自己是美麗的。她發現，缺乏安全感是沒有吸引力的，所以她需要找到一種方法來愛自己的身體，同時也要不斷地努力使身體完美。「我們的文化告訴我，如果我對自己的外表不滿意，對自己的智力或其他方面缺乏自信，我就無法擁有健康的關係，」她說：「如果我不徹底地愛自己，那麼我就不可能獲得真愛。」

她開始採取生酮飲食。去年這個時候，是她一生中最瘦的時候。她每週都會和不同的男孩約會，按照大眾文化的標準，她正「過著她最美好的人生」。然而，雖然沒那麼明顯，但卻是不爭的事實，她每晚都會喝得酩酊大醉。儘管她外表美麗，受到男性的關注，但她渴望得到真愛——來自她自己，還有其他人的愛——在她靈魂深處的空虛感依然存在。

我們的社會對於世界上的安潔莉卡們所提出的唯一解決辦法就是自愛。如果她能更愛自己、更好地照顧自己，如果她能正面積極的思考並提醒自己有多優秀，她就會快樂並做出具有卓越成就的事情。如果她讓自己相信自己是完美的、美麗的而且是特別的，她就有足夠的自信來直視與她為敵的人。

我們天生就傾向於尋找能立即感覺更好的事物，尤其是在我們這個漫無目的、個人主義和追求即時滿足的文化中。我們想要讓什麼奏效、什麼能把我們從現在的位置帶到我們想去的地方，在我們自己或其他人身上要找到這一點，似乎很容易。然後，一切都在我們的掌控中。然後，只需要做出選擇並按下開關即可。如果問題出在我們討厭自己，那麼，答案當然是要愛自己。

但這裡有一個大問題：當自愛耗盡時，會發生什麼事呢？當我們照鏡子，卻仍然不喜歡鏡中所看到的自己，會發生什麼事？或者當我們做了一些讓我們真正感到羞恥的事情的時候呢？或如果我們陷入一種不健康的生活方式而無法擺脫時，該如何是好呢？當激勵的話語、正向的口號、自我肯定和自我關懷都不足以帶給我們平安時，又會如何呢？

然後，我們又得重新開始，百思不解，為什麼我們不能把這些問題整合在一起。但在那一刻，我們並不需要聽到我們現在的樣子是完美的。

安潔莉卡靠著上帝的恩典，最終意識到，儘管在外人看來，她是如此的成功，也非常看重自己本身，但她的所做所為實際上只會加劇她的不安全感和絕望感。她越苗條，就越意識到身形苗條並不足以讓她快樂。她試圖愛她自己原有的樣子，但自愛並沒有讓她感覺更好。

南茜．皮爾西（Nancy Pearcey）在她的《愛你的身體》（*Love Thy Body*）一書中解釋了為什麼安潔莉卡試圖獲得自信的嘗試失敗了。她寫道：「著迷於我們的身體，並不等於接受它，」濫用實行身體自我完善（self-perfection）的文化，會造成我們與身體建立一種「敵對關係」。相反的，皮爾西提醒我們：「我們行動應該基於，身體是上帝所賜予的禮物的這個事實為動機」。「在上帝面前，我們負有管理身體的責任，要小心和尊重我們的身體。」

因此，信心不是經過努力可以擁有的，而是接受一份來自上帝的禮物。這種信心與來自男性與我們女性朋友們的觀點，以及社交媒體上、電影中和情色作品中所呈現的「理想身材」衍生出的信心不同，上帝所賜予信心的恩賜是永久且真實的。

這意味著，是的，我們當然可以運動、減肥、節食、改變我們的髮型等等——但前提是，我們這麼做的真正目的是，為了照顧上帝賜予我們的身體。只能是為了榮耀祂，而不是為了崇拜自己。我們的動機很重要。

創造我們的神在昨日、今日、一直到永遠，是一樣的（希伯來書 13:8），這是在我自我迷戀的時期和自我貶抑（self-deprecation）的時刻，唯一能拯救我的真理。祂對祂孩子的愛和計畫都不會根據體重計上的數字而改變。當我們負責任地管理我們的身體作為聖靈的居所時，我們不會執著於我們的外表，因為我們知道「人是看外貌，耶和華是看內心」（哥林多前書／格林多前書3:16，撒母耳記上／撒慕爾紀上16:7）。我們知道魅力和美麗都是轉眼即逝，但敬畏耶和華必得稱讚（箴言31:30）。因此，我們不再專注於看到的，而是將目光集中在「看不見的」事上，「因為所見的是暫時的，所不見的是永遠的」（哥林多後書4:18）。

我們的身分、我們的意義和我們的信心不是來自我們在鏡中看到的自己或其他人在網路上所下的評論，而是來自上帝是誰以及祂所說的話來定義我們。

只有創造我們的，才能告訴我們我們的價值。祂說我們是如此的有價值，以至於祂派遣祂的獨生子為我們而死，為你的罪付出代價，這些罪惡是深重且眾多的，因此我們就可以永遠與祂同在。祂所做的這一切都是為了祂的榮耀，也是為了我們的益處。正因如此，我們不再由我們對自己的看法或別人對我們的看法所定義，而是由祂所說的我們是誰來定義。

祂說，在耶穌裡，你是新造的人。作為新造的人，我們按照神呼召我們的方式行事：謙卑、仁愛、寬恕、自制、勤奮、喜樂、憐憫和正義。作為新造的人，我們為我們的敵人祈禱，祝福那些迫害我們的人。作為一個新造的人，我們擺脫了要融入世界或看起來要像世界上其他人希望我們呈現的樣子的壓力。作為耶穌的跟隨者，我們註定要成為自我犧牲的門徒，接受上帝的話語，被祂的聖靈賦予力量，生活在平安中，並對耶穌是誰以及祂所做的事充滿信心。

這些是我必須經常向自己宣講的真理。每個媽媽都知道要「回到」我們生孩子之前的身材所帶來的壓力，好像懷孕和分娩的展望是以承諾不會留下疤痕、眼淚、多餘的皮膚組織和妊娠紋呈現在我們面前的。這些都是計畫的一部分，這意味著我們值得為了它們感謝上帝，而不是為此煩惱。

這些真理比「你原本的樣子就很完美」這句膚淺的謊言更重要、更好、更持久。你不完美，我們也沒有人是完美的，但那沒關係。

一旦我們放棄了完美的迷思，我們就有另一個謊言需要對抗：我們有權實現我們的夢想。

迷思

#4

你有權實現你的夢想

遠大的夢想

有件事我還沒有跟你們分享：我如此熟悉自愛文化的原因之一，是因為我在與之密切相關的自助文化中長大的。

我來自一對年紀很小的父母，他們在十九歲和二十歲就結婚了，他們努力工作以確保能提供給我和我的兄弟們比他們更好的生活。他們都是企業家，因此，他們非常注重自我發展（self-development）。當我還是小孩的時候，我們聽了領導力的錄音帶，閱讀商業書籍，並參加勵志會議和研討會。

所有這些事情在很多方面都帶給我極大的好處。正是透過這些資源和研討會，讓我有了要在公開演講領域建立職業生涯的願望。我很早就學會如何有效溝通，如何與成年人互動，及如何以有意義的方式將人們串聯起來。我還從父母那裡學到了創業的美妙之處。我看到了為自己工作的好處，而我知道這就是我有一天想要達成的目標。

但現在我發現，自助領域與有毒的自愛文化有一些令人不安的相似之處。這兩者都說，如果你做正確的事、說正確的話，你就會得到你想要的。在自助的行業裡，這通常意味著事業成功。在成長的過程，我以為這對我來說是種保證。我們在家中談論了很多關於設定目標和要有遠大夢想的話題，儘管我看到父母為了達成這些目標與夢想而努力工作，但我以為我的願望很容易就會實現。

幾天前，我在 Instagram 看到了一篇名為精神大佬（Spiritual Gangster），由熱門運動休閒服公司發表的文章，圖片中的背心寫著：「你值得擁有你想要的一切」。

這不就是我們現今所接收的訊息嗎？我們的存在本身就賦予我們獲得想要東西的權利——無論它們是什麼？這就是以自我為中心的症狀，也就是我們這個時代的特徵。因為我們只為自己服務，所以我們相信我們有權得到我們想要的。這就是我們認為我們已經足夠的想法的一部分——我們完成的越多，自我實現的部分也就越多。

但事實並非如此。因為這不是真的，而這種心態會導致失望。

大學時，我的座右銘是：永遠不要因為家庭作業而拒絕談話。四年來我一直堅持我的座右銘且無怨無悔。我（勉強）以優異的成績畢業，甚至被選為在畢業典禮上代表畢業生致辭。我被選為代表畢業生致辭，顯然不是因為我是畢業生代表，也不是基於我受歡迎的程度或參與課外活動的多寡。我提交了一份演講稿，在試鏡中發表演說，然後被選上了。我記得我在發表演說時想著：*這就是我接下來的人生想做的事。*

所有這些經驗都強化了我在不知不覺中堅持一生的想法：*我不必太努力就能達到我想做的事。*這是相信了「我已經夠好了」的謊言的一部分。我本來就是完美的。我心所嚮往的都值得跟隨，而且我所認為的「真理」值得發表。雖然我不知道自己長遠的計畫想做什麼，但我確信畢業後一切都會很快步入軌道。我找到了一份公關工作，我確信我會擅長這份工作，而它將順利地引導我進入夢想的創業生活。

但事情沒那麼簡單。

面對羞辱

當我回想起第一份工作，身為公關和社群媒體經理時，很難理解當時我怎麼能如此自信。在此之前，我從沒寫過一篇新聞稿，我也沒有客戶管理經驗，我幾乎不明白推特（X）是如何運作的。但我深信我可以在幾週內掌握這份工作。

記得我第一次意識到，事實並非如此，是在某個星期五晚上七點，我在辦公桌前哭泣。我的同事莫妮克（Monique）無力地看著我，她很同情我，但也意識到我已經把自己困在一個爛攤子裡，而她也無能為力幫助我擺脫這個困境。

我完全忘記了我應該為一位客戶完成一份這一季的社群媒體參與度報告。當時我進公司大約三個月，那天下午我的主管寄給我一封電子郵件，詢問她什麼時候可以收到這份報告的初稿，進行審閱。

當我讀到這封電子郵件時，整個人愣住了，開始感到恐慌。我的心跳加速，血壓升高，我盯著電腦足足呆看了十秒鐘才呼出一口氣。我完蛋了。

她甚至在上週還提醒過我截稿日，但不知怎的，我仍然忘了這件事。我回覆了她的電子郵件，告訴她我忘了要交這份報告，但我會盡快處理。就在我點擊「傳送」郵件後的幾秒鐘內，我看到桌上的手機顯示亮了，螢幕上顯示了她的名字。

對千禧世代的人來說，沒有什麼比透過電話來回覆一通簡訊或者電子郵件更令人感到焦慮了。我深吸一口氣，快步地從辦公桌旁的後門走出去，然後接起了電話。

我說：「您好？」，就好像我不知道她打電話來的目的。我不記得那次談話的內容，我想我已經把它從記憶抹去了。我只知道，在接下來的三十分鐘裡，我在喬治亞州令人窒息的高溫中度過，聽她說著類似「你真的把這件事搞砸了，而且我不能相信你」之類的話。她說我表現得不稱職、沒有組織能力、無法明智地管理自己的時間。她說得很對。

我知道她是對的。儘管如此，我還是感覺受到傷害。我真的有這麼蠢嗎？當然不是。我比那些儘管不斷收到電子郵件的提醒卻完全忘記要完成重要報告的人要優秀。但實際上，我並沒有比他們優秀。

還有一次，我弄錯了外燴公司送外燴的日期，那間外燴公司本來應該為我的一個客戶所舉辦的一場活動提供外燴的。但我在最後一刻打電話給客戶，問他可不可以接受更換外燴供應商。結果客戶寄了封電子郵件給我的老闆，告訴她，我是他三十年職業生涯中共事過最不專業的人。哎呀！

不用說，事業成功並不是自然而然就能達到的。我在那家公關公司工作的兩年裡，有高潮也有低谷，卻仍從未發揮我最大的專長。這份工作很困難。我幾乎每天晚上都加班到很晚，但我仍然從來沒有覺得我幾乎能掌握我的工作內容。我人生第一次覺得，我本來應該很擅長的事，似乎沒那麼容易。

儘管這份工作對我來說很困難，但我學到了寶貴的一課：即使在我通常擅長的領域裡，我也沒有資格獲得成功。我以為職業上的成功會自然而然地發生，我的工作會自動讓我感受到成就感。我以為我能力充足，只要按照自己的方式和自己的時間表，就能得到想要的。

許多年輕人，尤其是年輕女性，和我有同樣想法是有道理的。社群媒體和部落格圈中的女老闆（girlboss）文化讓我們覺得，我們必須對工作著迷並對工作感到全然地滿意，才能獲得生活中的成就感。我們關注和讀到的所有成功女性，似乎都找到了熱情、意義和收入的最佳平衡點。我們理所當然地認為，為了擁有充實的生活，我們也必須找到那個最佳平衡點。事實上，我們認為我們有權這麼做。

但這樣的工作不僅無法保證讓我們擁有充實的生活，工作本身也不一定有意義。儘管擔任公關人員的角色不是我夢想中的工作，但我在公司的工作經驗仍然很重要，因為我最終學會了充分做好這件事，而我的工作表現滿足了客戶的需求。我了解到，我不必熱愛我的工作，才能讓我的工作變得優秀和重要。

〈歌羅西書〉3:23 說：「無論做什麼，都要從心裡做，像是給主做的，不是給人做的。」我們不必擁有完美的工作並以我們的工作來榮耀上帝。讓祂感到榮耀的工作只需要滿足三個條件：做得好、滿足真正的需求、為我們周遭人的益處做出貢獻。

這意味著，無論你是註冊會計師（CPA）、植物學家、大樓管理員、祕書還是平面設計師，你的工作都可以發揮重要作用，為上帝帶來榮耀。榮耀上帝的工作也不一定要賺到薪資，像是全職母親、看護和志工也可以透過勤奮工作來幫助周圍的人，從而達到榮耀上帝工作的三要件。

我們這一世代，有一部分的人認為，工作本身並不重要：這些人認為我們應該有義務做那些帶給我們快樂的事情，無論它是否滿足市場需求。社會主義的興起使這個思想成為主流。

二〇一九年西南偏南會議（South by Southwest conference），民主社會主義代表亞歷山德里婭・奧卡西奧・科爾特斯（Alexandria Ocasio-Cortez）表示：「我們應該對自動化感到興奮，因為它可能意味著我們有更多的時間教育自己、更多的時間創作藝術、更多的時間投資和研究科學、更多的時間專注於發明、更多的時間進入太空、更多的時間享受我們生活的世界……，但我們對此不感興趣的原因在於，我們生活在一個如果你沒有工作就只能等死的社會。這就是我們的核心問題。」

科爾特斯和那些與她持相同觀點的人認為，工作不屬於道德的範疇——工作是我們可以做但並不是該做的事。這一觀點反映在她的**綠色新政**（Green New Deal）的初步總結中，該政綱保證「那些不願意工作的人的經濟安全」。綠色新政的建議是，為我們所擁有的東西而努力工作的本身並沒有價值；因此，政府應該滿足我們的需求，這樣一來，即使我們沒有工作，也不會因此「等死」。

這是一本不符合《聖經》的工作觀。在罪惡進入世界之前，上帝將亞當安置在伊甸園中，讓他「修理、看守」（創世記／創世紀 2:15）。這意味著工作不是禍因，也不是罪的後果，而是一種祝福，本質上是好的。

亞當與夏娃（厄娃）犯下罪後，上帝對亞當下了與工作有關的詛咒，說他的工作會很痛苦，有時甚至毫無成果：「地必為你的緣故受咒詛；你必終生勞苦才能從地裡得吃的；地必給你長出荊棘和蒺藜來；你必汗流滿面才得糊口。」

這告訴我們關於工作本質的兩件事：人註定要工作，沒有人能保證我們會成功。

人生來就是為了收穫我們所播種的，收割我們所栽種的。我們應該富有生產力，以有意義的方式為世界貢獻我們的力量、才能和知識，無論是在有給薪的工作、擔任志工角色，還是在家裡。這給了我們尊嚴和使命感。〈箴言〉一再強調勤奮和抵制懶惰的重要性。〈帖撒羅尼迦後書／得撒洛尼後書〉3:11-12 勸戒我們不要犯無所事事的罪，鼓勵我們為我們擁有的而努力。正如〈哥林多後書〉9:7 所說，我們要以「捐得樂意的人」的身分來管理我們的收入，這樣我們就可以幫助那些有需要的人。工作是上帝所賦予的聖職，工作是必要的，而且工作很重要。

那些身體和精神上能夠工作但無法工作或找不到工作的人，不僅在經濟上受苦，在精神和情感上也遭受痛苦。當有這樣的遭遇時，我們的心智萎縮，我們的存在開始變成是種偶然和不必要。當我們沒有對社會做出貢獻時，就會變得沮喪和無精打采；人需要感到被需要。這與科爾特斯和其他人所說的相反，資本主義並沒有讓我們變成這樣；而是上帝造成的。做好工作是為了祂的榮耀以及我們的益處。

但由於罪使受造物陷入混亂，我們並不能保證努力一定會成就應有的成果。我們的投資可能會失利，我們的創業努力可能會失敗，我們的農作物可能會被破壞，我們的部落格可能永遠不會受到關注，我們的孩子可能會對我們在養育他們時辛苦灌輸給他們的價值觀置之不理。然而神仍然命令我們全心全意地工作，不是為了世俗的認可或成功，而是為了祂。

所有這些都意味著，工作並不是一點都不重要，但也不是一切。工作很重要，但它不能永遠滿足我們。我們生活所處的自愛文化同時告訴我們，生活不需要藉著工作才能有意義，又說我們的工作代表我們的身分認同。神的話卻恰恰相反：工作是必要的，但還不足以滿足我們。作為一個在經歷過面對羞辱，並學到了並非所有事情對我來說都能輕而易舉之後，我現在已經擁有我一直想要的職業生涯中的一切，然而我是從經驗中學習到這一點的。

當夢想成真

今天的女權主義告訴我們，職業對我們的幸福而言是必要的，但事實並非如此。雖然我在公關公司工作一年左右開始熟悉工作，但我從未忘記站在畢業典禮講台上的感覺。我知道我最終要做的事情，會讓我回到在麥克風前的舞台上；我只是不知道我將會做的是什麼樣的工作或將如何回到那個場景。

那是在二〇一五年，當時正在進行總統初選。雖然這是我第二次參加總統選舉投票，但這是我第一次真正投入的選舉。作為一個終生的保守派，我關心我們的國家在過去十年來所發生的改變。身分認同政治（identity politics）和第三波女性主義（third-wave feminism）已經失控，在我看來，左傾的年輕選民，只會讓事情變得更糟。我想知道，如果他們更了解他們自己的選擇會發生什麼事。我有個想法。

當時我住在喬治亞州的雅典市，我和我先生剛結婚。我記得有一天晚上，我在我們舊三層樓公寓臥室裡的沙發上告訴他我想做什麼：「我想告訴姐妹會的女孩們，為什麼她們應該在初選中投票。」

我想出在 Prezi 線上簡報軟體上做一場無黨派演講簡報的主意，並開始寄送電子郵件給各姐妹會的主席們，郵件內容是詢問我是否可以在她們下一次的分會會議上發表我的演講。我去了每一個接受我請求的姐妹會演講。

我從這些演講中所獲得的意義不是金錢，而是我得到了觀眾。更重要的是，我感覺自己正在做自己擅長的事。雖然我只與幾個姐妹會交談過，但這足以讓我確信我之前所擁有的直覺——是的，這就是我該做的。

在開始跟姐妹會發表演說的幾個月後，我開設了一個名為「保守千禧世代」（*The*

Conservative Millennial）的部落格。我仍任職全職工作，寫有關選舉的文章只是一種嗜好。我不知道這個部落格會往什麼方向發展——如果部落格會有個明確的方向的話——但我做得很開心，而且我有一種感覺，我應該繼續這麼做。

二〇一六年底，我在部落格的臉書頁面上發布了以新聞為中心的影片，這些影片獲得了數十萬次觀看。二〇一七年初，因為丈夫工作調動的緣故，我們搬到了德州，在那裡，保守派媒體公司烈焰傳媒（TheBlaze）提供了我一份工作，但並不是擔任主持人。我的工作職責是管理他們的社群媒體帳號，因為我知道，在媒體產業占有一席之地總比沒有來的好。

很快地，我被聘為撰稿人，為臉書製作影片，並擔任節目嘉賓。福斯新聞（Fox News）也開始跟我預約參加他們的節目，我繼續向當地和區域性的組織講述讓年輕人參與政治的重要性。在大約一年半的時間裡，我的興趣變成了我的職業。

二〇一八年，我開始了我的播客節目，節目名稱為共鳴（*Relatable*）。我以前的目標是（現在也是）從《聖經》的角度，以一種我們這一代女性容易理解的方式，提供清晰的文化和新聞訊息。我之所以選擇共鳴這個名字，是因為自從我開始投入講述讓年輕人參與政治的重要性以來的這三年裡，我學到了一些東西：有很多像我一樣的女性，她們想知道《聖經》對我們這個世界經常出現的混亂現象有何看法。

今天，我主持播客節目，寫作、演講、在電視上評論，而且在過去的一年裡，我有了令人難以置信的機會來寫這本書。我正在做我想做的一切。我在家工作，做著我有天賦的事情就能得到酬勞。確實沒有什麼可以比得上這份工作。

但你猜怎麼著？儘管我很感激有幸從事我所做的事情，但我的工作仍然沒有讓我感到滿足。政治媒體可能令人感到極度不愉快。我一直努力與這個領域相關的戲劇性事件保持距離，但即使是推特（X）上的日常活動，也足以讓我想知道依賴公共平台的職業是否值得我做。親眼目睹困擾我們國家的黨派鬥爭以及似乎為我們這個世代的瘋狂特徵，讓人感到非常沮喪。

我所做的其他一切——例如演講、主持播客節目、寫作——都很美好，但對做這些事的興奮感會有高低起伏，就像做其他任何工作一樣。有時這些事情進行得很順利，有些時候卻沒那麼順利。我在這些方面擁有上帝賦予的能力，但我也有很多東西要學習。有些人在這個領域裡有較高的天賦；也有一些人在這個領域中的天賦遠不如他們，但卻擁有更多的機會。我見過敬虔、誠實的人受到誹謗和刻薄地對待，而虛偽、不誠實的人卻得到了提拔。這份工作就像任何其他的職業一樣，有許多事情是不公平的，成功可能瞬間即逝。

在剛開始走媒體這條路時，我對一切感到焦慮。對臉書的評論感到焦慮、對追隨者感到焦慮，擔心電視節目的訂閱率、擔心其他評論者對我的看法，對我的競爭對手感到不安。對我渴望獲得保持領先地位所需得到的機會和關注感到憂心忡忡。

隨著時間的推移，我的心態發生了轉變。我不可能永遠都那麼關心所有的事情，這樣是不可能持久的。我進入了一個合適的領域，這個領域不用造作而且有意義：那就是以一位女性基督徒的角色來分析文化。我覺得我不再需要每小時關注新聞，成為第一個在推特（X）上發表對最近頭條新聞看法的人，或者每天在社交媒體上發表評論。我找到了我想要擁有一席之地的位置，我對於留在那個領域感到心滿意足。

二〇一八年秋天，我與丈夫發現我懷孕了，事情變得更加清晰。我立刻感覺到，職業與真正重要的事情相比，是多麼次要。確實，儘管這聽起來很陳腔濫調，但我在世上無法擁有比當「母親」和「妻子」更好的頭銜了。為了這兩個角色，我會毫不猶豫地放棄一切。

我熱愛我所做的事情。我可以和像你這樣的人談論具有永恆意義的事情。老實說，我不敢相信上帝允許我做這麼多我所熱衷的事情。但聽到從一個擁有夢想工作的人口中說出來的話：你將會走到這一步，意識到擁有夢想中的工作仍不足夠。

你——你的天賦、你實現目標的能力、你的夢想——擁有這些仍然不夠。如果你的計畫是以你的成功作為你代表的身分，那麼你最終會感到空虛。

也許你的夢想與工作無關。也許你的夢想是成為妻子和母親。雖然這些責任非常重要並且會帶給你快樂，但即使這些也不能完全滿足你。沒有任何人和任何角色可以取代，單單是我們的**造物主**就能夠滿足我們的渴望。

上帝為了祂的目的創造了我們，而不是為了我們自己的目的創造我們。祂以作為一位值得崇拜的君王而存在，而不是一個會實現我們夢想和願望的精靈而存在。當我們跟隨祂時，祂承諾我們，不會給我們想要的一切，而是給我們更好的——也就是，祂自己。

祂承諾，無論我們的工作如何，無論我們的薪水如何，無論我們的婚姻狀態如何，無論我們的生育能力如何，祂都會與我們同在。祂將成為我們的寄託、我們的力量、我們的喜樂、我們滿足的泉源、我們永遠存在的**幫助**、嚴厲的**救世主**、富有同情心的**朋友**和信實的**父親**。

〈馬太福音〉第六章記載，耶穌敦促我們不要憂慮，要抵制焦慮、拒絕恐懼，以換取對祂供應的信任。如果上帝能讓野地裡的百合花披上絢麗的色彩，那麼祂將會加多少倍的心力來看顧我們這些按照祂的形象所造的人們，以及因祂兒子的死亡而被救贖的孩子們？如果祂為了我們的救贖，甚至連自己的兒子都不願拯救；難道祂不值得我們信賴，祂將會滿足我們其他的需要嗎？

這就是我們工作要榮耀的神。記住祂掌控一切並值得信賴，這讓我們擺脫了我們文化中將工作視為要不就微不足道，要不就用來定義身分的偏差觀點。在這種說法的兩端都有一個潛在的謊言：你有權利過著你夢想的生活，無論你付出多少努力。

上帝是我們的權威，祂說工作的存在是為了祂的榮耀和我們的益處。祂也向我們保證，儘管我們的工作不總是有成果，但祂將永遠是信實的。祂並沒有承諾我們所有的夢想都會實現，或者我們的目標都能達成；但相反地，祂命令我們要服從祂，在我們從事的任何領域中，都要表現卓越。這可能是我們夢想中的工作，但也可能不是。
無論我們做什麼，都可以擁有內心的平安，因為我們知道，無論我們扮演什麼角色，
我們都能實現榮耀祂的目標。

迷思

#5

除非你先愛自己
否則你無法愛別人

我優先

大型教會的牧師約爾・歐斯汀的妻子維多利亞・歐斯汀（Victoria Osteen）寫道：「底線就是，如果你不先愛自己，你就無法愛別人。」她的丈夫也宣揚同樣的道理：「如果你不以正確的方式愛自己，你就無法愛你的鄰居。你的表現也無法達到你應有的那樣優秀。」

根據歐斯汀夫婦的說法，上帝的愛使我們能夠愛自己，這使我們能夠遵守耶穌的命令來愛我們的鄰居。只有我們先愛我們自己，才有可能做到自愛。

歐斯汀夫婦只是重申了幾十年來在基督教圈子裡流行的一個觀點。一九七〇年代，基督教出版社出版了德國牧師瓦爾特・特羅比施（Walter Trobisch）的《愛你自己》（*Love Yourself*）和浸信會牧師塞西爾・奧斯伯恩（Cecil Osborne）的《學習愛你自己的藝術》（*The Art of Learning to Love Yourself*）等書。這些書從神學和心理學的角度論證了自尊和自我接納在基督徒生活中發揮著至關重要的作用，因為它們決定了我們能愛他人到什麼樣的程度。

作家珍・哈特麥克（Jen Hatmaker）在她的《為了愛》（*For the Love*）一書中也提出了同樣的論點：「我們愛人如己，如果我們還不夠好，那就沒有人夠好了。」這些基督教領袖呼應了歌手麥莉・希拉（Miley Cyrus）的觀點，她在接受《她》（*Elle*）雜誌採訪時，就自己與連恩・漢斯沃（Liam Hemsworth）的婚姻對此做了最好的詮釋：「為什麼我們受到的教育是：愛就是意味著把自己放在第二位，把你所愛的人放在第一位？如果你愛你自己，那又如何？你理當優先。」值得注意的是，很遺憾的，他們的婚姻不到一年就破裂了。

根據這種思路，我們愛周遭人的先決條件是得先愛自己。這給了我們一個很好的（甚至是聽起來符合《聖經》的）藉口，讓我們可以先專注於自己，而不是專注於他人的期望與需求。這個理由聲稱其根源來自於耶穌命令的核心，即愛人如己。如果我們不能先好好愛自己，那麼我們就無法好好的愛別人。

但希拉明白，基督教圈子裡倡議著自愛者所不願意承認的事：致力於自愛其實就是忠於自私。儘管希拉和她的世俗支持者們認為，自私是一種美德，但耶穌的追隨者卻不這麼認為。

耶穌指示我們要愛人如己，但這並不是指示我們要愛我們自己。我們想當然耳認為，「如同你愛你們自己」的指示意味著自愛，因為創造我們的耶穌知道自愛是與生俱來的。這並不意味著照鏡子時我們總是喜歡看到的自己，或認為自己富有才華或討人喜歡。事實上，我們可以想到自己做的糟糕的事，但仍然練習自愛。我們對自己與生俱來的愛不是浪漫或深情的，而是一種為我們最大益處著想的愛。正如布萊茲・帕斯卡（Blaise Pascal）在他的第二百五十篇《思想錄》（*Pensé*）中所解釋的那樣：「所有人都追求幸福，無一例外……這是所有人所有行為的動機，甚至是那些想自殺的人。」

我們生來就關心自己的幸福。那些傷害自己並結束自己生命的人仍然在尋找對自己有益的事，因為他們正在尋找減輕痛苦的方法。滿足我們自己的需求對我們來說，比生活中任何其他事情都來得更為自然。

自愛不僅表現為自我滿足（self-gratification）和自我保護（self-preservation）的內在動力，還表現在自我辯護（self-justification）上。我們不僅盡一切可能滿足自己的基本需求，還堅持盡可能以最好的眼光看待自己。正如 C.S. 魯益師在《極重無比的榮耀》（*The Weight of Glory*）中指出的那樣：「對發生在我們自己身上的事情，我們很容易接受藉口；但當發生在其他人身上時，我們就不太容易能接受他們所給的藉口。」

我們很快地會為自己的行為辯護，即使當我們譴責其他人和我們做出相同的行為。這就是我們多麼強烈地——且盲目地——愛著我們自己。

我知道你在想什麼，你在想：但是那些真正討厭自己的人呢？那些因父母離婚而自責的孩子們呢？那個認為男友會虐待她是由於她自身錯誤的女生呢？那個每天早上照鏡子都會對自己吹毛求疵的女孩呢？他們不需要上一下自愛速成班嗎？

確實，這些人對自己有不健康的看法，可能還正與自我厭惡搏鬥中。這就是我在大學時期的樣子，當時我試圖透過挨餓、每週四個晚上喝下 Crystal Light 的無糖低卡水果飲和伏特加的調酒來從被拒絕的傷痛恢復過來。我在所有錯誤的地方尋找滿足、肯定和愛。我看起來就像一個自我憎恨（self-hatred）的研究案例。

而我*確實*討厭關於自己的一些事，我*以前*很沒有安全感，我*確實*感覺自己有所不足；但我從未停止愛自己。當時我按著自己的方式過著我的生活，因為我認為這會讓我感覺較好。即使在我的自我意識、孤獨和不安全感中，我也從未停止考慮過要做出對自己最好的選擇。我只是對實際上什麼是對我的最好有著錯誤的認知。

坦白說，我很自戀。我只是不斷地思考我所應得的，並想知道「為什麼是我？」同時尋找新的方法讓自己感覺更好。自戀和自我憎恨並不是相互排斥，大多數時候，他們齊頭並進。這是一個難以承認，卻是人性中普遍存在的事實。

我們在這個國家或任何地方，都不缺乏自愛，我們從來沒有缺乏過。儘管在過去的半個世紀裡，不論心理學家如何堅持告訴我們，做出更好的行為和擁有更令人滿意的生活的關鍵是擁有更高的自尊心；但根據研究顯示——即使是在世俗圈子裡——這個論點就是站不住腳。

二〇〇二年，美國心理治療師勞倫．斯萊特（Lauren Slater）為《紐約時報》撰寫了一篇題為〈自尊帶來的麻煩〉（The Trouble with Self-Esteem）的文章。她在這篇文章中強調了幾十年來這個理論的失敗，這些理論聲稱我們自視越高，我們就越有責任感和成就感。她是這麼說的：

「直到最近，人們對於高度自尊還沒有太多爭議，高度自尊——簡單地定義為非常喜歡自己，對自己的行為和能力持有正面積極的看法——對於幸福感至關重要；而它的反面則是對犯罪、藥物濫用、賣淫、謀殺、性犯罪，甚至恐怖主義負有責任。」

但事實並非如此。斯萊特繼續說：

「在一九八六年，加州立法機關成立了促進自尊以及個人和社會責任的工作小組，它是由眾議院議員約翰．瓦斯康勒斯（John Vasconcellos）所推動。他堅信，透過提高公民的自我概念，可以扭轉毒品濫用和各種其他社會弊病；但這個工作小組並沒有起到作用。事實上，犯罪率和藥物濫用率仍然很高，就如同我們在紙筆測驗中的自我評估分數一樣居高不下。

斯萊特引用了倫敦經濟學院的尼古拉斯．埃姆勒（Nicholas Emler）的話，他的研究發現，「絕對沒有證據表明，自尊心低是特別有害的，而且自尊心低的人，在生活中的表現似乎與自尊心高的人一樣好」。凱斯西儲大學（Case Western Reserve University）的研究員羅伊．鮑邁斯特（Roy Baumeister）發現，「大多數情況下，自尊心低，即使不是對社會有益的情況，在社會上也是一種良性的狀況；相反的，自尊心高，可能會造成創傷甚至致命。」

老實說，他們的發現有點冒犯到我們了。你是在告訴我，不要自視甚高，才是好的？甚至不要認為自己漂亮、有才華、堅強或充滿潛力才是更好的嗎？

我們的思想將自我肯定和成功交織在一起，以致於我們擔心，如果我們停止告訴自己我們有多偉大，我們的生活就會急轉直下、成為苦難。我們會開始陷入自憐之中，我們的人際關係會變得糟糕和相互依賴，我們會在工作中失敗，因為我們會被自己的自我懷疑所絆倒。

但這種恐懼忽略了這樣一個事實：身為基督徒，我們的選擇主要不是依照自尊心高低，或者自愛和自我厭惡；我們兩者都不選擇。相反地，我們的行為是出於完全的忘我。

提姆・凱勒（Tim Keller）牧師在他的著作《忘我的自由》（*The Freedom of Self-Forgetfulness*）中詮釋了這個真理。他在書中解釋：「福音中謙卑的本質不是多為自己著想或少為自己著想，而是很少想到自己。」我喜歡他描述福音中謙卑的方式：

> 福音中的謙卑是不需要考慮自己。不需要將事物與自己相連。福音中的謙卑終結

了諸如以下這些想法：「我和這些人在同個空間裡，這讓我看起來不錯嗎？我想在這裡嗎？」真正福音中的謙卑意味著我不再將每一次經歷、每一次談話與自己連結在一起。事實上，我不再想到我自己了。這就是忘我的自由。只有忘我才能帶來受祝福的安息。

這確實是帶有祝福的安息。依靠我們自己的自尊心來建立健康的人際關係或擁有終生的成就感是令人精疲力竭的，因為它取決於每天都在變化的各種因素：我們的工作表現、我們的體重、我們的受歡迎程度、我們的情緒或我們能看出對自己有益事件的能力。相反地，我們選擇忘我，我們用神的愛取代自愛，這取決於一個永遠不會改變的因素：我們在基督裡的救恩。這與我們的文化所告訴我們的一切互相矛盾的是，真愛的先決條件是忘我，而不是自愛。

這真是一種解脫。因為耶穌，我們的不安全感、自我批評和自我懷疑有了答案，這比脆弱、膚淺的自愛要好得多。我們的答案是祂，永恆不變的宇宙**創造者**和**維持者**，祂在十字架上償還了我們的罪，在公平正義且聖潔的上帝面前宣告，我們永遠被寬恕，無罪且正直。與耶穌完美的犧牲所帶給我們永遠不變的救贖相比，我們還能要求什麼更深刻、更可靠的信心呢？這種信心不是因我們善良所得到的獎賞，是因祂的恩典才獲得的禮物。

這位救贖我們的耶穌呼召我們，祂不是要我們自愛，而是要我們克己和完全地順服。祂並沒有告訴我們在愛別人之前要先學會愛自己，因為祂對我們的愛讓我們有足夠的能力去愛我們周遭的人。

〈腓立比書〉2:3-4 說：「凡事不可結黨，不可貪圖虛浮的榮耀；只要存心謙卑，各人看別人比自己強。各人不要單顧自己的事，也要顧別人的事。」

這就是當耶穌告訴我們要愛我們的鄰舍時，呼召我們的那種愛。當我們顧及自己的需求時，也要顧及他人的需求。當我們尋求自己的利益時，也要尋求他人的利益。當我們為自我保護和自我辯護而戰時，也要迅速地為他人做好準備，並給予他人同樣的好處，就像你為自己的益處著想一樣。

我們對鄰居的愛可能不會以深刻的感情表現出來，因為有時我們可能不會對他們產生感情。愛鄰居就是以我們照顧和善待自己的本能來善待他們。

正如〈腓立比書〉第二章所說，這意味著要把別人看得比我們自己更重要，並為了別人的利益而犧牲我們自己的需要。我第一次理解到這句話的真實含義，是在我就讀高中的時候。

你無需等待

我們作為基督徒，向人們所展示的愛——儘管他們可能很難讓人喜愛——這就是反映了神對我們的愛。我們也一樣，不受人喜愛。我們也不配得到神的認可和喜愛。然而，即使當我們都還是罪人的時候，神就透過基督與我們建立關係（羅馬書 5:8）。我們沒有權利因為別人很難讓人喜愛而忽視或不理會他們，因為上帝也沒有忽視或不理會我們。

這意味著我們現在就可以自由地去愛人，而不是等到我們自己覺得感覺對的時候才去愛人。

當我們因為感到愛他人是件困難的事而遲遲不去做，或我們認為我們需要先致力於自我提升才能這麼做時，就會發生三件事：我們因為忽視他人的需要而違背了上帝的旨意，人們的需求得不到滿足，我們也錯過了體驗賦予生命和建立同理心的經歷，這些經歷將使我們更像基督。我第一次學到這個道理是在我就讀高中的時期。

我的哥哥丹尼爾（Daniel）患有自閉症。他善良、有趣、熱愛歷史，是奇聞異事的寶庫。但同時，他的生活過得很辛苦。

丹尼爾總是以局外人的眼光看事情。不管他多麼努力嘗試，交朋友對他來說從來不是件自然而然的事。在我成長的過程中，我的另一個兄弟和我在同一所學校上學，但丹尼爾從來都沒能跟我們一起上學過。我們有地方可去，有朋友可見，還有正常的青少年挑戰要面對，但丹尼爾從來不知道「參與」這些事情是什麼感覺。直到現在他還是不知道。

當我小的時候，我會祈禱，祈禱上帝讓他變得「正常」。我不明白為什麼他不能像其他人一樣說話，為什麼他的閱讀能力不好，或者為什麼他去了另一所學校就讀。隨著我的成長，我意識到，變得「正常」並不是丹尼爾想要或應該追求的目標。他的差異正是造就了他的原因——性情溫和、非常誠實直率並富有好奇心。

上帝使用丹尼爾幫助我學習注意到其他像他一樣的人。在我高三的那個夏天，我的教會帶著一群學生去一個為有特殊需求的人所安排的夏令營，稱為巴拿巴營（Camp Barnabas）。參與營隊的人殘疾程度從嚴重到輕微，在一年的這幾天中，要能夠做到像「一般」人每天要做的事情，例如：游泳、溜滑梯、露營、運動，並和那些外表和行為看起來與他們相似的人共處。我們作為志工的每個人都充當其中一位營隊成員的「夥伴」一星期。我們整個星期都陪伴在他們身邊，確保他們在營地裡得到最好的體驗。這是我體驗過最艱難也最有意義的經歷，而我愛上了這個志工體驗。

第二年，我在巴拿巴營待了六個星期擔任工作人員，負責共同領導一屋子營隊成員和志工小組。照顧這麼多有各種心靈、情緒和身體方面需求的女性，所帶來的疲憊和喜悅是難以形容的。餵食、洗澡、安慰、擁抱、幫助、鼓勵和愛那些無以回報我們的人，需要我做出前所未有的犧牲。克己是做出這種犧牲的運作方式，忘我則是行為準則。

我回想起自己十七、十八歲時，大部分的面向，我看到的是一個典型的青少女。我是一個以自我為中心、喜怒無常、缺乏安全感的女孩，只想讓男友愛著我，並希望父母不要打擾我。然而上帝正在我身上做工，祂利用巴拿巴營向我顯示了祂是誰。

儘管我是在一個基督教家庭長大的，但我直到高三才與基督建立了個人關係。我有一位教導《聖經》的老師，他要求我們提出一些關於上帝的難題，並深入《聖經》中尋找答案；他所帶領的討論和辯論激起了我對耶穌是誰以及跟隨祂會成為什麼樣子的興趣。我開始閱讀 C.S. 魯益師的生平跟他的書《返璞歸真》，讓我覺得信仰比以往任何時候都更為真實。

當時，我不再去我長大的教堂，而去我選擇的教會。正是這個教會把我帶到了巴拿巴營，在那裡我理解到成為耶穌的手和腳是什麼感覺。如果等到我足夠愛自己才去愛別人，我就會錯過像耶穌愛我們和服事我們一樣去愛和服務他人的機會。

相信我們必須先愛自己才能愛別人的謊言，會讓我們錯過生命中最快樂的體驗。更重要的是，有些人的需求無法被滿足，因為我們太忙於關注自己的需要而無暇關注其他人的需求。

我想起巴拿巴營的所有營隊成員，他們當中的許多人從來沒有一個真正的朋友。他們當中的一些人永遠不會知道受邀參加派對、找到工作或結婚是什麼樣的感覺。他們所有的事都得依賴父母——包括用餐、如廁和穿衣。想像一下，如果他們的照護者突然決定他們需要專注在自己身上，而不是花那麼多時間和那些無法給予他們任何回報的人在一起，會發生什麼事呢？

我想到丹尼爾，他可能總是難以融入人群。我想到那些儘管丹尼爾很害羞，卻花時間去了解他的人，儘管丹尼爾很難與人交談卻仍與他交談的人，以及那些儘管丹尼爾不總是知道該如何表達愛卻仍愛他的人。丹尼爾比我們大多數人都更容易受到忽視、拒絕、貶抑和排斥。我不想去想像一個這樣的世界，那些深愛他的人們選擇不去愛他，因為那些人需要先照顧他們自己。

想想看，如果傳教士在幫助他人之前都試圖先找到達成自愛的完美平衡，那麼所有的靈魂都不會受到觸動，所有飢餓的人也都無法得到飽足。想想看，如果士兵們要等到先能接受自己的缺點才願意冒著生命的危險到前線，那麼許多生命將得不到拯救，人們的自由也將得不到保護。請想想看，如果無家可歸者收容所的志工們決定先提升自尊心才能向有需要的人伸出援手，那麼沒有住所或食物的人將得不到援助。

受到自戀折磨的人是最容易受到傷害的。「除非你先愛自己，否則你無法愛別人」的這種想法明顯帶有權利和精英主義的味道。當我們忙於應付大腿上的橘皮組織時，有些人卻感到極度的痛苦、孤單，而需要我們的愛與關懷。

我們必須等到先愛自己之後才能愛人如己，這是來自地獄深淵的謊言。撒但（撒殫）最喜歡當我們周圍的人在受苦的時候，我們卻把時間浪費在自我提升的稍縱即逝的努力上。然而，耶穌卻向我們顯示了一種更好的方法。

他以**好撒馬利亞**（撒瑪黎雅）人（Good Samaritan）的寓言為例，向我們說明何謂愛人如己。一名撒馬利亞人幫助一名被搶劫並遭遺棄在路邊等死的猶太人。撒馬利亞人與只從遇害者身旁路過的祭司（司祭）和利未人（肋未人）不同，他花時間幫助猶太人，為他包紮傷口，並支付了他在當地旅館的旅費。

這段經文的關鍵背景是，在歷史中的這個階段，猶太人和撒馬利亞人彼此仇恨。這意味著撒馬利亞人所表現出來的愛並不是一種崇拜的愛，而是一種堅定的愛。這是一種即使當我們照鏡子不喜歡所看到的自己時，但我們仍會自然地向自己釋出的愛。這種愛是由仁慈、保護和維護所定義的。

正如 C.S. 魯益師所說：「愛不是一種深情的感覺，而是一種讓所愛的人盡可能獲得益處的堅定願望。」

我們可以看到基督徒所表現出的這種堅定的愛，他們的犧牲比我曾做出的犧牲更多。基督徒是全世界受迫害最嚴重的宗教團體。在敘利亞、中國、北韓、印度和其他地方，基督徒因實踐自己的信仰而遭到噤聲、監禁、酷刑和殉道。像迪特里希・潘霍華和吉姆・艾略特（Jim Elliot）這樣的殉教傳教士，就是基督要求祂的追隨者要具有的那種完全的愛的例子。

具有像基督一樣的愛不是總是看起來像肉體上的殉道。我住在阿肯色州的阿姨們，畢生致力於服務社區中的窮人和無家可歸者，幫助他們得到食物、衣服、交通，並幫助他們找到工作。當地的基督教懷孕中心為媽媽和她們的寶寶做了極佳的服務，不僅提供免費的懷孕、性病檢測（STD tests）、超音波檢查，許多中心還提供育兒課程、價格實惠的衣服及其他資源，幫助家庭有一個好的開始。

每當我們否定自己的願望、需要和優先事項，並先向他人表現出仁慈跟與他人分享關於基督的訊息時，我們就是在榮耀神。我們不僅不必等到實現自愛之後才這麼做，即使在我們感到最糟糕的時候，幫助他人也會帶來一種只顧自身利益（self-absorption）所無法帶來的快樂。

我會是第一個承認我經常在這方面失敗的人。我選擇自私，我選擇便利，我選擇愛自己勝過愛別人。我總貪婪地抱怨我的時間不夠用，而且小氣地覺得我的精力實在有限。我想要過得舒適、安全和幸福。我不想冒著精疲力盡的風險為其他人耗費太多力氣。

我們很容易陷入自己生活的忙碌之中，忘記還有其他人迫切需要我們的愛、時間和資源；但這種自私是我們需要悔改的罪。在人們確實會死於孤獨的時代，基督徒有責任提供一種可以拯救生命的愛——無論是現在還是永遠。

也許這意味著在教會或當地的非營利組織做志工，也許為無家可歸的人提供食物，也許為你在社區中看到的問題提出解決方案。或者也許這意味著一些更激烈的活動，例如：加入反對性奴役的實地鬥爭或向肯亞婦女傳授技能。當你祈禱並向周圍敬虔的人尋求智慧時，相信上帝會在你所付出的這些努力中引導你。

如果你是一位母親（尤其是像我一樣，身為一個嬰兒的母親），你可能沒有時間創辦非營利組織，甚至沒有時間花一個下午的時間做志工。對於學生、照護者及那些做著「朝九晚五」工作就幾乎已經耗盡生命的這群人也同樣沒時間這麼做。但正如我們在談論工作的章節中所談到的，在我們每天所經手的事情中，也可以用來愛別人和分享〈福音〉。

〈羅馬書〉12:2稱我們的身體為「活祭」。這意味著我們的整個生命都應該在敬拜中獻給上帝，而不僅僅是某些部分。作為一位母親、學生或員工，為了上帝的榮耀和他人的益處，以喜悅和卓越的方式工作，也是一種被聖靈充滿的慷慨行為。

我們要抓住一切機會，慷慨地奉獻我們的時間、精力和金錢給上帝安放在我們人生道路上的人們——那些處於孤獨、貧困和迷失方向的人——而我們這樣做的目的很明確，就是向他們顯示耶穌基督，帶領他們到永不乾涸的井邊。

將自愛放在對周圍的人所付出的愛之上，不只是會影響到你對需要幫助的人的慷慨程度，還會影響到在你生活中，對你而言，最重要的人的關係。

這樣好多了

當今年輕人等很久才結婚的原因之一，是因為我們堅信，在結婚前，我們必須完成所有想做的事情。在我們能真正把自己奉獻給另一個人之前，我們想要先愛自己、想找到自己並認識自己。但老實說，這是在浪費時間。為了自我發現而表明逃避婚姻，只會延遲與你願意許下承諾的人，共同建立生活的樂趣。

我在二〇一四年九月遇見了我的先生，提摩西（Timothy），就在我剛從飲食失調和瘋狂派對中回復到正常生活的不久之後。我處於一個很好的狀態：我很高興自己是單身，在新城市裡探索新生活，我決定開始一個新的健身規律。我加入了雅典市郊外的一家混合健身型（CrossFit-type）健身房，那就是我第一次見到他的地方。

我不太記得我對他的第一印象了，我只注意到他很可愛而身材也很好。我們當時都參加平日下午五點半的健身課，幾週後他開始跟我交談。原本只是簡單的閒聊幾句，後來變成健身課後例行的聊天，然後又變成了繼續在停車場裡有聊不完的話。在經過幾週健身課後的閒聊，有一天晚上，我們在停車場裡聊了四個半小時！就在那時，我們意識到，我們可能應該去約會。

在停車場漫長的談話之後，我發了一則簡訊給一位朋友說：「我想，我找到了我的丈夫。」她認為我瘋了，老實說，我也覺得是。我記得當我在高中和大學時聽到已婚的人士說：「當你知道遇見對的人的時候，你就是知道。」當時我不相信他們所說的。你怎麼可能就是知道呢？在你做出這樣的決定之前，難道沒有一百萬件事情需要考慮嗎？我不知道該如何解釋，但他們是對的。我就是知道。五個月後我們訂婚了，在訂婚的四個月後我們結婚了。

我們並沒有等到先愛自己才選擇去愛對方。我們是不完美的、充滿感謝的，並且心中感到篤定。這樣的時間表當然不適合所有人，但在我們身上是有效的，而且我們都沒有後悔。

在我討論我在婚姻中學到的，以及它如何教會我關於自我犧牲的愛之前，我想花點時間給你一些實用的約會／訂婚建議。這些建議是基於我從我的經驗中所學習到的，我並沒有《聖經》經文可以附在每一行上，但我知道人際關係是多麼令人困惑，尤其是當你試圖弄清楚，你是否要與你所愛的對象結婚時；所以我將給你我所知道的最好的建議，希望它能使你的約會生活更加清晰。

首先，如果你是基督徒，你的配偶也必須是基督徒；而且不只是一個從小就去教會的基督徒。如果你真的想變得更像基督，他對於你的這個目標也需要認真對待。你們約會的目標，無論你們的關係是否持續，都應該是讓你們雙方都更接近耶穌。雖然沒有任何人和任何關係是完美的，但你們倆都應該努力將此作為個人和共同的優先事項。僅此一點，就涵蓋了很多雙方關係的基礎。

其次，你要喜歡他。我知道這聽起來很理所當然，但不管你相不相信，有很多基督徒認為這並不重要。我就是其中之一！我記得在大學裡聽過一次講道，說單身人士對自己的配偶太挑剔了，只需要選擇一個基督徒，就可以一起走進禮堂了。

然而，的確是的，不切實際的標準可能會讓你感到不必要的痛苦，像眼睛顏色這樣任意的特徵可能需要擱置在一旁。但你絕對應該要被和你在一起的人所吸引——無論是外貌還是情感上。這就是生活在二十一世紀西方國家的美妙之處：我們有選擇，而且我們可以享受上帝所賜予的浪漫愛情和相互吸引的好處。

我喜歡提摩西的一個特點是，我們都能讓彼此開懷大笑。他認為我很聰明，而我認為他很有趣，即使他不刻意表現幽默。我也喜歡我們能夠進行深入、令人感到滿足的對話。這些一直都是他吸引我的地方。

問問自己，你約會的對象是否讓你感到快樂，並不是自私的表現。我的意思是，兩人的戀情聽起來就該像〈雅歌〉中的戀人們很享受他們美妙的愛情。這並不意味著你的男朋友非常愛你或崇拜你且從不犯錯，或者甚至時時刻刻都讓你快樂。但是——和他在一起，你快樂嗎？你們在一起感到無聊的時刻，還能享受有彼此的存在嗎？你們之中的一個人回家後，妳還想和他共度更多的時光嗎？你能看見自己和他永遠在一起嗎？

如果這些問題中的任何一個答案是否定的，你應該問問自己：妳為什麼還要跟他在一起？

你可能害怕幾件事：以後將沒有人會像他一樣愛妳；或者妳再也找不到像他一樣好的人了；或者妳不知道作為一個單身女子該如何生活。也許你們一起經歷了許多事，而妳就是無法想像與一個新的人重新開始。

我也曾經害怕過這些事情，我可以根據我的經驗告訴你，以上這些都不是留在他身邊的充分理由。恐懼並不是結婚的好理由。

這是我對無數年輕女性說過的話：*妳不應該說服自己想和他在一起*。同樣地，妳也不應該說服他繼續和妳在一起。

如果妳處於這種關係，這可能意味著妳正在將約會或結婚的對象當成偶像。如果妳僅僅因為不想獨處或面對分手的痛苦而願意留在一段痛苦的關係中，那麼妳的內心可能存在比跟男友不合更深層的問題。

我對我丈夫帶來的安心感與我在大學裡遇見自以為該結婚的對象的感受有很大的不同，理論上他符合我所有的擇偶條件，但我從一開始就對他心存疑慮。雖然感覺不是一切，但感覺也很重要，尤其是當感覺已向妳發出警訊表明，有些事情不對勁的時候。

不要忽視妳的直覺告訴妳，妳的男友或未婚夫不適合妳。如果妳是出於恐懼而和他們在一起，這意味著妳可能正緊緊抓住一個妳需要放手的偶像。

當妳真的放手時，妳會感到受傷；但這並不意味著妳沒有做出正確的決定。這時，妳可以做我在大學時期分手後，我希望我自己能做到的事：要有耐心，讓上帝治癒你。祈禱，照著《聖經》內容默想，提醒自己祂對妳的應許。上教堂，和朋友們在一起，他們會帶妳走向十字架；在那裡，背負重擔的耶穌會背起妳沉重的包袱，讓妳得到休息。

我不能保證上帝會讓妳未來的丈夫在某個轉角處等著妳，我甚至根本不能做出任何承諾。神並沒有應許我們以人間的祝福換取我們的順服。祂應許我們平安、喜樂和深深的滿足，這遠遠超出了世俗中情感的關係所能帶來的任何幸福感受。

〈哥林多前書〉第七章將單身描述為一種恩賜，因為擁有這種恩賜的人不會因婚姻帶來的麻煩而分心，並能夠將自己全然奉獻給上帝。保持單身的基督徒並不是「錯失良機」。他們在基督裡得到了與已婚人士同樣的滿足，而且，額外的好處是：他們有時間和能力去執行已婚人士做不到的事。儘管我是婚姻的忠實粉絲，但對我來說，重要的是，所有想要結婚但還沒有找到一個合適對象來鎖定婚姻關係的讀者要知道：婚姻不是基督徒生活的目標。婚姻並不是我們「真正生活」（real life）的開始。當你決定跟隨耶穌時，你真正的生活就已經開始了，而且由於祂對你承諾，將帶領你走上一條為了祂的榮耀和你的益處而走的人生道路，你就已擁有了值得期待一切的人生。婚姻是基督徒被召喚做出犧牲的眾多方式之一。但沒有什麼可以阻止你對現今出現在你生活中的人付出愛。

當然，上帝引領我走向婚姻之路，我也心懷感激祂這麼做。當我們的關係開始時，就像大多數很快就墜入愛河的情侶一樣。我們在一起相處的時間永遠嫌不夠，每一秒的空閒時間都花在和彼此相處或打電話上。我們在工作時互寄長篇的電子郵件，我們也寫信給彼此；具體而言，分開的時間是痛苦的。當我擁抱他的時候，總覺得我永遠無法擁抱他足夠長的時間。我知道婚姻是滿足我對他止不住的愛的唯一途徑。

事實證明，確實如此。事實證明，婚姻正如我所希望的那樣，甚至更好。我每天都要回家和我最喜歡的人在一起，一起用餐、一起看網飛（Netflix）影集。儘管人們都說婚姻是個陷阱，但我從未感到如此自由或享受這麼多的樂趣。

直到現在，結婚快五年了，我仍然有這樣的感覺，我仍然對婚姻中的一切感到極為滿意。但這並不意味著婚姻很容易。

我十幾歲的時候曾聽過一句話，現在我明白了這是真的：婚姻是一個四個字母的詞，它不是愛情（love），而是工作（work）。工作是用來形容我們過去一年中的生活最好的名詞。

當我們在七月迎來第一個孩子時，生活中的一切，包括我們的婚姻，都改變了。我們從互相關注變成把所有的注意力都集中在這個徹底虜獲我們心的孩子身上。在最初處於生存模式的幾週裡，我們幾乎沒有交談過。當我們真正交談時，我們感到沮喪或意見分歧。他感到不知所措，我覺得自己不受重視，我們都沒有精力表達自己的感受。我們不但沒有一起討論並達成共識，還讓緊張局勢加劇。

更多重大的生活事件發生了：我們搬了家，而我們兩人的祖母在兩個月內相繼去世。我們被拉向太多不同的方向，開始疏遠。我們晚間難得共處的安靜時光是在手機和電腦上度過的，開著的電視是我們的背景聲。我們每天都會因為一些小事而發生爭吵，因為我們之中的一個人嘮叨另一個人，或對計畫的改變反應過度。當我們在同一個房間時，總會感到緊張；而我們知道，當有一方做出不恰當的介入，就很容易爆發爭吵。我們壓力很大，但沒有互相幫助，反而互扯後腿。我們住在同一個家，卻感覺距離很遠。

在這樣的時期裡，承諾變得不再有趣，相愛不再是件自然而然的事，對談也變得不再容易。那些對彼此愛不釋手的約會日子已經一去不復返。現在，我們要努力的是，一起度過超過十五分鐘相安無事的時光。這就是你需要做出選擇的時候，你得克制自己的感受，並且付出愛，即使你並不想這麼做。

自愛的文化告訴我們，生命太短暫，以至於不該維持一段讓我們不幸福的婚姻。

正如標記為女性團體（@femalecollective）的用戶在自愛帳號上的一篇貼文所言：「提醒：兩性關係應該要讓你感覺良好。」唯有當我們將自我排在最優先順位的情況下，這種邏輯才有意義。但如果每個人都這麼想，那麼最終我們都會孤獨一人。

我和丈夫在婚姻中的緊張時期仍然相互扶持，並提醒自己和彼此，即使這種感覺不太好，我們也會長期堅持下去。當想要懷恨在心時，我們選擇了原諒。當我想批評他的時候，我選擇不說話。當他想為自己辯護時，他選擇了道歉。這些都是我們每天仍在練習的事情。

我們才剛開始共同生活，我們也都絕非婚姻專家。幸運的是，我們的父母都為婚姻樹立了良好的榜樣，我們能夠從前人身上汲取智慧。我們不僅可以從自身經驗中學習到智慧，也能從那些經歷長久忍耐的夫妻身上習得他們的智慧。我們知道，有些婚姻經歷了孩子的死亡、破產、不孕、慢性病，甚至不忠仍存續下來。我們明白，要想在婚姻中度過每一關的考驗，就需要為了對方犧牲自己。

你可能會想問的一個問題是：為什麼呢？為什麼要維持一段感覺不總是美好的婚姻呢？我可以給你一個既實用又深入的答案。首先，為了實際的因素。

根據二〇一九年四月，美國基本社會調查（General Social Survey）在《大西洋月刊》（*The Atlantic*）上所發表的一項研究顯示，「已婚年輕人表示自己非常幸福的比例比未婚同齡人很可能要高出約百分之七十五。」皮尤研究中心在二〇一九年的一項研究報告中指出，已婚夫婦比未婚的同居情侶更幸福。社會學博士保羅·阿馬托（Paul Amato）在二〇一八年的一項研究中發現，已婚夫婦在經歷婚姻失和的考驗，仍能維繫婚姻關係，則能提升婚姻品質。

所有的婚姻都會經歷困難的處境和嚴峻挑戰的時期。即便如此，那些能克服婚姻挑戰並繼續維持婚姻的夫婦，通常比那些無法克服婚姻困難的夫婦或未婚者有更大的機會獲得幸福。婚姻所帶來的幸福不總是一種感覺，而是一種持久的滿足感，因為你知道自己是團隊的一員，會團結一致地度過生活的難關。

但結婚和維持婚姻還有一個更深厚且更重要的原因，那就是婚姻反映了基督和教會。正因如此，一個牢固、以基督為中心的婚姻，向世界描繪了一幅〈福音〉的圖畫。

在〈以弗所書〉第五章，呼召丈夫們要愛他們的妻子，正如基督愛教會一樣；而妻子們也被呼召要順服自己的丈夫，如同順服主一樣。透過這種方式，丈夫和妻子相互不斷地進行自我犧牲，這反映了耶穌在十字架上為我們犧牲的好消息，及祂對教會的承諾。婚姻是以世俗的方式描述上帝透過祂的兒子救贖祂的子民的這個永恆的事實。

儘管世人會認為基督教的婚姻模式已經過時且令人感到壓迫，但處於這種關係中的人都知道，安全感和無條件的愛所帶來的好處，遠比不可靠且無法令人感到滿足的自愛要好得多。

基督教婚姻持續不斷地提醒我們，我們的不足——無論是對自己而言還是對彼此而言——當我們在一起，感覺比較像在工作而不是一種浪漫時，只有上帝才能給我們滿足感和堅持下去的力量。

我的忠告是：如果可以的話，就結婚吧。而且是現在就結。如果你是和你想結婚的人在一起，那就去結婚吧。不要等到你畢業，等到你有足夠的錢，直到你有更多旅行的體驗，直到你享受了更多單身的日子，或直到你的職位得到了升遷。如果你已訂婚，請不要延長訂婚期。是的，可能有一些現實狀況讓你無法立刻結婚，但如果有任何方法可以修正這些狀況，讓你能說出「我願意」的話，那麼，請不要等待。

等待的過程中，你會讓自己更接近婚前性行為，浪費了你本來可以花在探索共同生活而不是各自生活的寶貴時間。正如你不必先愛自己才能愛別人一樣，你也不必等到每件事都安排得井然有序才能結婚。將所有的事並列在一起，這樣會更有趣。

如果你想結婚但還沒遇到對的那個人，請不要灰心。有一天你將會結婚，也或許不會；但無論如何，耶穌和祂會對你忠誠並支持你的承諾都不會減少或改變。自我犧牲的經驗和在慷慨的愛中找到的快樂，對你和對任何人來說都是一樣的，這些都是值得享受的。享受上帝安排圍繞在你身邊的團體與人們。那裡就是敬畏上帝的人的所在之處。投資友誼，分享你的智慧，順從上帝的聲音，並陶醉在你只需對祂負責的珍貴現實中。

作為母親

如果說有一件事比婚姻更能讓我們擺脫自我陶醉，那就是為人父母。

當我在寫這篇文章時，我們六個月大的女兒正睡在我旁邊房間裡。對於那些已為人父母的人來說，你們就知道這個新生兒階段的轉變是多麼快速。一眨眼的功夫，你的世界就改變了。你將意識到，在此之前，你並不瞭解什麼是疲倦或壓力。你開始忘記成為母親之前的生活是什麼樣子。在不受干擾下上個洗手間或洗個澡是什麼感覺？一般為人父母的人能好好吃一頓飯嗎？我能在上午九點前不需要用微波爐加熱六十七次就喝完整杯咖啡嗎？

你所做的每一個決定——從你什麼時候要去洗手間到午餐要吃什麼——都是以你剛帶到這個世界上的孩子的福祉為中心的。你整個日程安排圍繞著午睡、餵奶、洗澡、換尿布和玩耍的時間，即使你正在工作或完成其他該做的事項。你迫不及待地等待他們入睡，但當他們入睡時，你會想念他們，妳會花上一小時的寶貴時光，安靜地盯著監視器螢幕，而不是檢查你的待辦事項清單。

我記得我發現自己懷孕的那一天。我的水槽下還剩一個驗孕劑，於是我決定做一下驗孕測試，因為，為何不做呢？我們已經嘗試不避孕五個月但仍沒有結果，我已經習慣了失望；就在那個時候，我決定驗孕一下。我做了驗孕測試，把驗孕棒放在廚檯上，然後換上我的運動服。幾分鐘後，我過去拿驗孕結果，本能地走向垃圾桶。然後我在驗孕棒的螢幕上看到了那個命運攸關的字：「懷孕。」什麼？我真的感到難以置信，我要當媽媽了！從那之後，一切都變得不一樣了。

我可能是個非常焦慮的人，當懷孕時，這種焦慮加劇了百萬倍。所有完全不在控制內的事情，一下子都朝我而來。如果我流產了怎麼辦？如果我洗個熱水澡，不小心把寶寶融化了怎麼辦？如果我在接下來的九個月內身體不適且無法完成工作怎麼辦？關於分娩呢？我可以順利生出小孩嗎？我有這個能力嗎？哦，我的天哪，我討厭醫院；如果我遇到一個凶惡的護士該怎麼辦？如果提摩西或我出了什麼事該怎麼辦？我們都會死，不是嗎？

我不斷地接受自己的不足——我無法預測未來，無法控制事情的結果，終究無法確保嬰兒的健康和我們的安全。第一次有這麼多事情完全超出我的掌握，而我以一種全新的方式理解到什麼是不足。

在生產時，我害怕的一些事真的發生了。儘管我希望、祈禱並計劃自然分娩，但事實並非如此。在懷孕四十週零六天的時候，我的引產「失敗」，所以用剖腹產，這是我從未想過的結果。我和我先生都很害怕。當他們把我推進手術室時，我對自己感到失望、疲憊、焦慮、哭泣和無法控制地顫抖。這根本不是我所計劃的。

但他們說的是真的：當他們把那個可愛的寶寶放在你的胸前，一切都不再重要了。我躺在手術台上，旁邊是提摩西，腰部以下麻木，而且不知道手術是如何進展的，我聽到醫生說了聲：「嗨！」然後，就像在回應她的第一聲問候一樣，女嬰發出了一聲響亮的尖叫——這是我聽過的最好聽的聲音。他們拉下我面前的窗簾，讓我看見我那個張大眼睛、頭髮亂糟糟、七磅十盎司重的寶貝女兒。

在那之後，我被改變了。

曾經我覺得很大的事，現在一切看起來都很小。而且你知道，在那一刻，你會為了這個孩子做任何事——任何事。你會不惜一切代價保護她，讓她感受到被愛。

這是一種獨特的愛。一種你從未了解過的，深刻、無條件、令人心碎的愛。就好像一個巨大的海浪襲擊了你，然後你意識到——哦，這就像是神對我的愛。現在我開始理解是什麼樣的愛，迫使祂差遣祂的獨生子為我們死在十字架上。

在這些日子裡，我很少有自己的時間。如果有的話，也非常少。實際上，我是在凌晨兩點寫下這篇文章的，因為我只能在半夜找到一個安靜的時刻。我的女兒需要我的地方遠遠超出了我的想像，而我還是不夠——這句話是令人痛苦的事實；我無法成為她或我生命中任何人所需要的一切。我幾乎在任何時候都處於超出我能力所能負荷的狀態。

然而，我不會用這些經歷來交換任何事物。我不會用不眠之夜、尿布、完全缺乏空閒時間來換取這世上的任何事物。上帝透過母親的身分，無情地使我變得謙卑，當我向祂祈求我自己無法給予我女兒的事物時，祂持續不斷地迫使我臣服於祂。我從來沒有想要那麼多我自己無法給人的事物。我希望我的女兒能了解真理，有智慧、健康、堅強，並在有人想傷害她的時候能受到保護。

我能做的只有這麼多，以實現我所期望的這些事情，所以我大部分的時間都花在臣服之上。將我焦慮的想法、我的恐懼、我的計畫和我的願望交給上帝。但我並不擅長臣服。我喜歡掌控一切。但懷孕、分娩和身為母親比其他任何事情都更深刻地告訴我，要能掌控一切，最終是一個神話。上帝正在讓我接受這一點，他教我比以往任何時候都要更信任他。

毫無疑問，扮演母親的角色是很困難的。這真的很難。我這麼說，不僅是以一個初為人母的人，也以一個作為認識了比我有更多孩子的母親的人，以及一個認識有特殊需要孩子的媽媽們和一個認識了那些作為母親，但生活得一直非常艱難的媽媽的人。不過，成為母親是值得的，而且是非常值得的一件事。

我對我們這一代不想要孩子的說法感到困擾。根據二〇一九年 NBC 新聞所做的民調顯示，只有百分之三十的 Z 世代和千禧世代認為生孩子非常重要。生育罷工（BirthStrike）是一個以因應氣候變遷為名來阻止生育的組織，其他反生育主義者也響應它的訴求，主張暫停生育。不管你信不信，《現在全面代孕：女權主義反對家庭》（*Full Surrogacy Now: Feminism Against Family*）是一本人們正在閱讀的書，它提出徹底抹煞「自然成為母親」的方式，而以有償代孕取而代之，以打破核心家庭。有些人反對生孩子，因為他們認為這個世界太可怕了。有些人只是不想承受養育子女帶來的壓力或不便。

二〇一九年，《*Vice*》雜誌發表了一篇文章分析這一現象。作者漢娜．埃文斯（Hannah Ewens）指出：「我沒有任何一個二十多歲的朋友公開談論希望有孩子；反之，當我們在公共場合看到一個小孩在我們附近走動時，我們反而會皺眉頭。一隻毛茸茸的朋友才是我們想要的，牠會愛我們，不會消耗我們太多財務資源，也不會過分妨礙我們。根據我們對我們這一代許多人的了解，照顧寵物比照顧嬰兒所需做出的犧牲實在是少太多了，因此，喜愛養寵物而不想生小孩是有它的道理的。寵物不僅不太需要管理，在情感上對我們也沒有任何要求。我們不必改掉壞習慣和捨棄自己的嗜好；我們不必變得成熟，也不必學習如何有效溝通或為牠們樹立一個好榜樣。如果我們沉溺於自愛文化並致力於崇拜自我之神，我們就不想被孩子分散注意力而放棄原有的生活。

對此，有一個爭議性的看法：許多年輕但尚未成為父母的夫妻對寵物強烈的愛，可能就是他們在照顧孩子時也會表現出來的自然生物本能。我想到了當我們孩子出生時，我們生活所發生的轉變。儘管我和丈夫都非常愛我們的寵物，但當我們把女兒帶回家時，牠們很快就降到次要地位。儘管我在懷孕時堅持認為，這種情況不會發生在我們家，但我從來沒有想到我們的孩子降生到這個世界的那一刻，我們所感受到的愛會如此強烈。雖然我們的寵物仍然得到很好的照顧，但牠們對我們的重要性，遠不及我們對女兒的愛。

事情原本就該如此。人類，尤其是我們人類，對我們來說應該比動物更有價值。不僅因為人是照著上帝的形象所創造，也因為祂使我們需要有人際關係——有親密的家庭關係——而不僅僅是與我們的寵物為伴。基督徒有義務向世界展示人類的特殊價值，特別是兒童的特殊價值。

墮胎文化十分猖獗，美國計劃生育協會和全國墮胎權行動聯盟（NARAL）等組織不厭其煩地將墮胎合理化，甚至頌揚殺死毫無防衛能力嬰兒的程序，將它美化為「自由」與「選擇」。他們的用語由左派主導的媒體來宣傳，在學校中流傳，並散布在社群媒體上，影響年輕一代的女孩，讓她們相信，如果她們懷孕了，她們體內的生命只不過是一種寄生生物，她們可以隨意拋棄。

這就是為什麼我認為我們如何談論身為母親，如何思考作為母親的角色以及我們身為母親的一舉一動都很重要。扮演母親的角色雖然辛苦，但也是美好的。孩子是我們有幸管理的一份禮物。我們的態度應該盡可能地反映這一點，尤其是當我們與其他人談論身為母親的感言時，應當避免網路上不良的媽媽文化，將兒童和幼兒稱為「頑童」和「負擔」。這可能是種玩笑的說話方式，但它會影響人們如何看待養育子女和家庭。讓基督徒的媽媽們首先說：「不是這樣的，儘管這很困難；但我的孩子是一種祝福，而不是一種負擔。」

我不想讓妳們聽起來像是在說教或自以為是，告訴妳們我們應該如何談論我們的孩子。我知道我是一位新手媽媽，對於家庭中養育多個孩子或有特殊需求的孩子所需面對的困難，對我來說並不熟悉。但我熟悉主流文化如何負面地談論兒童，也熟悉與之相反的觀點，即上帝指示我們該如何看待兒童：將他們視為我們應該懷有感激之情的產業，而不是讓我們感到耽憂的義務（詩篇 127:3）。這並不意味著我們不能在遇到困難時說出來並尋求幫助——我們絕對而且應該這麼做。但我們向世界傳遞關於母親身分的普遍訊息，應該是充滿感恩，而不是抱怨。

在一個讓女性相信她們需要先愛自己才能愛別人的自愛文化中，我們作為母親的喜樂在講述著一個不同的故事：讓自己全然地付出也是一種快樂，即使你不覺得自己已被填滿。這種犧牲是值得的。即使我們都還不夠完美，那都沒關係，因為有神就已足夠。

我所提出關於擔任母親的角色的實用建議與我對婚姻的建議類似：如果妳可以成

為母親的話，就馬上去實行吧。我和我的丈夫做了你們許多人可能正在做的事情：計劃生育並等待恰當的時機。能為未來做準備並為你的孩子盡可能創造安全和穩定的環境當然是明智的，但如果你只是因為還沒準備好做出那樣的承諾而延遲懷孕生子，那麼我會告訴你兩年前就該有人告訴我的話：是長大的時候了。是時候請求上帝幫助你的情緒成熟度吻合你的生理現狀。

如果你是一位情緒穩定且身體健康的已婚成年女性，那麼你就已經準備好要懷孕生子了。請不要相信世俗的謬論，認為人要到三十五歲才會成熟成「成人」，在二十多歲還不知道如何做好成人的事情是正常的。事實並非如此。我們的文化將青春期延得太長，而作為想要榮耀上帝對婚姻和家庭的設計的基督徒，我們應該為成為成年人和承擔責任而感到高興。這不是意味著付帳單或凌晨三點換尿布總是很有趣，但我們明白這些義務是成長時美好的部分，我們接受這些，並為此感謝上帝。

我認識很多女性，她們一心只想成為母親，但一直無法達成心願。她們之中有些人要不經歷過流產，或者有些人多年來都在與不孕症奮鬥，她們願意用任何代價換取妊娠的疼痛或在深夜裡餵奶的機會。她們最想做的就是邁出婚姻和成年人的下一步，但她們不知道這究竟是否會發生在她們身上。她們對此感到絕望。如果那個人是妳，請知道神與妳同在。祂是為了妳；祂正在使妳成聖並且教導妳；妳對祂的價值並不會因為妳沒有孩子而減少。在基督裡，我們擁有愛、滿足和喜樂所需要的一切。首先，妳是基督的追隨者——這是妳的定義和最高目標。至於無論有或沒有任何其他伴隨而來的頭銜，那些都是次要的。

知道我不必等到先達到專斷的自愛標準才能去愛別人，這讓我鬆了一口氣。我要怎麼知道我終於足夠愛自己，終於可以經營一段兩性關係，生兒育女或幫助周圍的人呢？要知道你也不必等待。神的愛是你所需的一切，包含你的信心和愛他人的能力。你的能力還不足以實現自己的成就。神創造你不只是為了讓你需要祂，也為了讓你需要其他人。大眾文化會告訴你，只要投資在讓你感覺良好而且能幫助你實現目標的關係中。但神卻告訴我們，犧牲的愛才是我們的目標。

我們的文化對自愛的執著是行不通的。根據《富比士》雜誌在二〇一九年所發表的一篇以「千禧世代與孤獨流行病」（Millennials and the Loneliness Epidemic）為題的文章，分析了《經濟學人》（*The Economist*）和凱澤家族基金會（Kaiser Family

Foundation）所做的一項研究，研究顯示美國百分之二十二的成年人「總是或經常感到寂寞或孤立」。文章指出，在一九六〇年代以前，單身家庭很少見，但現在單身家庭的比例已經增加一倍，而且數量已超過已婚夫婦育有未成年孩子家庭的數量。另一項研究顯示，有百分之四十六的女性害怕孤獨更勝於遭診斷出罹患癌症。

結合年輕人的孤獨感與不斷升高的憂鬱症和焦慮症發病率，很明顯地，世界所提供給我們任何緩解痛苦和獲得自信的策略都沒有效果。年輕人延後結婚生子的年齡；他們選擇不上教會；他們沉溺於自己的電子產品並被工作所奴役，這一切都是為了自我發現所做的努力；但他們最終還是感到寂寞和不滿。

等待先愛自己再對他人付出愛，只會讓你走上一條自私的道路，導致孤獨和痛苦的死胡同。然而上帝不斷充滿我們的愛，給了我們照顧周遭人所需的一切（約翰一書／若望一書 4:19）。

雖然「盜賊來，無非要偷竊，殺害，毀壞」這句話就是打著自愛的名義，但耶穌的到來是為了讓我們透過祂獲得豐盛的生命（約翰福音 10:10）。祂的道路將帶領我們通往喜樂、平安、智慧、安慰、穩定與目標——找到以往你被告知要在自己身上尋找但卻未能找到的一切。

你還不夠，你的能力永遠都不夠，而且你將永遠都不夠完美。但那沒有關係。

結語

這些年來我學到的是：以自我為中心來定義自我的時期是我最痛苦的時光，而我一生中感到平靜和滿足的時刻，正是我將自己從自我中心移開的時候，並以上帝和祂的真理為中心，重新定位自己，記得我還不夠好。

巴拿巴營讓我在高中時發現了聖經的智慧，我擺脫了一種正在毀滅我的生活方式，並提醒自己想起我多年前曾學到但後來卻放棄的真理。我與丈夫的婚姻，學習成為我女兒的母親：這些事物和時光帶給我滿足。在巴拿巴營中，沒有一個人沒有做出犧牲。他們每個人的特質都是否認自我的充足性，屈服於自己的不足，並轉向上帝尋求真理。沒有祂，我就會掉進自己挖掘的深淵裡。

當我還在一個自私的青少年的歲月裡，還有在我大學最後一個學期期間和畢業後的那段不顧後果的生活方式，以及我拒絕放棄我明知對我有害的、成癮的生活模式，都是我把自己當作自己的神的結果。

將自己置於自己宇宙的中心，總是會導致我們陷入困惑和混亂，這種以自我為中心的信念，讓我們相信我們自己的「足夠」。然而，當我們自以為能力充足，最終卻不可避免地成為幻影時，我們會感到失望。以自我為中心的信念讓我們覺得自己有權決定自己的真理，但卻發現我們自己無法分辨是非。以自我為中心的信念鼓勵我們追求完美——無論是內在還是外在——當我們看到完美只是個幻影時，就會感到精疲力盡。以自我為中心的信念告訴我們，我們有自己的夢想，而我們值得擁有想要的一切。當沒有如願時，我們會感到痛苦。以自我為中心的信念讓我們確信，只有當我們先愛自己，我們才有能力愛別人，而這確保我們最終會孤獨。

如果沒有地圖，就不可能到達目的地，對我們的人生而言也是如此。我們沒有方向就會漫無目的地徘徊，就會在無法給予我們愛和滿足的地方尋找愛與滿足。我們唯一適當的嚮導是，創造我們的上帝，祂透過祂的**話語**，向我們展示了真理和公義；並在祂的兒子，耶穌身上，我們找到了今生和來世的人生目標。

那些跟隨這位耶穌呼召的人並不是自愛或自我肯定，而是自我否定。耶穌要祂的門徒背起自己的十字架來跟隨祂。祂並不是一位等待實現我們願望的精靈。祂也不是站在人生比賽場邊的啦啦隊長。祂是主。那位在《聖經》中回答了**偉大的就是我**（The Great I Am）的那位。那位我們的**創造者**、我們的**支柱**、**使人和睦者**和我們的**希望**。他是一位值得崇拜的**君王**，也是一位值得追隨的**領袖**。祂不是為了我們而存在，但我們是為了祂而存在。祂給予我們的和世上提議我們應該只顧自身利益和專注在短暫的幸福恰恰相反。祂給我們的，比世上所給我們的要好太多了。

透過在基督身上所發現的忘我和謙卑地遵循著祂的命令，我們才能找到——在其他地方都找不到的——生命。當我們承認祂是神，將我們的自我從自我中心移除時，我們就找到了我們一直渴望的「足夠」(enoughness)。

這「足夠」並非在我們身上找到的。因為我們還不夠好，而我們天生註定如此。然而，那是個好消息。

致謝

我非常感謝上帝堅定不移的信實和良善，也感謝祂給了我撰寫這本書的機會。

我所做的一切，都是因為我的丈夫，提摩西，對我的愛和鼓勵所成就。他讓我腳踏實地，同時也給我鼓勵。我也要感謝我們可愛的寶寶，她對我的意義也跟我的丈夫相同。

我要向我的父母致謝，他們在我成長過程中，奠定了良好的基礎，他們仍然是我的最佳建言者和最大的啦啦隊長。他們和我的其他家人——我的兄弟和我的公婆——都與我同一陣線，我很高興得到他們的支持。

我也非常感謝我的圖書經紀人莫拉．泰特爾鮑姆（Maura Teitelbaum），她的工作能力非常出色，與她合作非常愉快。

我對哨兵出版社（Sentinel）的海倫．希莉（Helen Healey）獻上無限的感激，感謝她從一開始就相信我，並與我一起經歷了百萬種不同的想法和改變。每當我錯過截稿日時（這種情況經常發生），她總是寬容我。她非常能體諒我在懷孕期間和成為新手媽媽時的需求，並且總是在我需要時給予我明確的方向和鼓勵。當我說，沒有她就不會有這本書的出版時，我是真心誠意這麼說的。

感謝整個哨兵出版社的團隊，他們長期以來在幕後努力工作，才使這本書得以出版。你們是最傑出的團隊。

我也要感謝格倫娜．惠特莉（Glenna Whitley）的幫助，她耐心且持續不斷地幫助我將經常顯得漫無邊際的想法轉化為實際的章節。

感謝我的發言人查爾斯．多里斯（Charles Dorris）過去這些年中，他成功地幫助我充分把握住在我身上所出現的機會。

感謝烈焰傳媒（Blaze Media），它播放了我的播客節目共鳴（*Relatable*）。這個節目已經成為我職業生涯中的一道光芒。

最後，我想感謝所有的讀者們，特別是那些陪伴我多年，關注我的部落格、收聽我的播客節目的讀者們。我總是說，我擁有世界上最好的聽眾，這是個不爭的事實。我撰寫的所有內容、我發表的每篇演講及我發布的每一個播客節目，都是為了你們。你們的支持對我而言，意義重大。

國家圖書館出版品預行編目資料

走出自愛迷思,愛真實的自己 : 在神內活出完整的身分和價值 / 艾莉.貝斯.史塔姬(Allie Beth Stuckey)作 ; 周明芹譯. -- 初版. -- 臺北市 : 啟示出版 : 英屬蓋曼群島商家庭傳媒股份有限公司城邦分公司發行, 2025.01
面 ; 公分. -- (Soul系列 ; 68)

譯自 : You're not enough (and that's okay) : escaping the toxic culture of self-love.

ISBN 978-626-7257-70-8 (平裝)

1.CST: 基督徒 2.CST: 自我肯定 3.CST: 自我實現 4.CST: 女性

244.984 113019618

線上版讀者回函卡

Soul系列068

走出自愛迷思，愛真實的自己：在神內活出完整的身分和價值

作　　者／艾莉・貝斯・史塔姬（Allie Beth Stuckey）
譯　　者／周明芹
企畫選書人／彭之琬
總 編 輯／彭之琬
責任編輯／白亞平

版　　權／吳亭儀、江欣瑜
行銷業務／周佑潔、周佳葳、林詩富、吳藝佳、吳淑華
總 經 理／彭之琬
事業群總經理／黃淑貞
發 行 人／何飛鵬
法律顧問／元禾法律事務所王子文律師
出　　版／啟示出版
台北市南港區昆陽街 16 號 4 樓
電話：(02) 25007008　傳真：(02)25007759
E-mail:bwp.service@cite.com.tw
發　　行／英屬蓋曼群島商家庭傳媒股份有限公司城邦分公司
台北市南港區昆陽街 16 號 8 樓
書虫客服服務專線：02-25007718；25007719
服務時間：週一至週五上午09:30-12:00；下午13:30-17:00
24小時傳真專線：02-25001990；25001991
劃撥帳號：19863813；戶名：書虫股份有限公司
讀者服務信箱：service@readingclub.com.tw
城邦讀書花園：www.cite.com.tw
香港發行所／城邦（香港）出版集團有限公司
香港九龍土瓜灣土瓜灣道86號順聯工業大廈6樓A室
電話：(852)25086231　傳真：(852)25789337　E-MAIL：hkcite@biznetvigator.com
馬新發行所／城邦（馬新）出版集團【Cite (M) Sdn Bhd】
41, Jalan Radin Anum, Bandar Baru Sri Petaling, 57000 Kuala Lumpur, Malaysia.
電話：(603) 90578822　傳真：(603) 90576622
Email: cite@cite.com.my

封面設計／王舒玗
排　　版／芯澤有限公司
印　　刷／韋懋實業有限公司

■2025 年 1 月 9 日初版

定價340元

Printed in Taiwan

城邦讀書花園
www.cite.com.tw

 ISBN 978-626-7257-70-8

啟示 Apocalypse Press 出版

廣　告　回　函
北區郵政管理登記證
北臺字第000791號
郵資已付，免貼郵票

115　台北市南港區昆陽街16號4樓

英屬蓋曼群島商家庭傳媒股份有限公司城邦分公司　收

請沿虛線對摺，謝謝！

啟示 Apocalypse Press 出版

書號：1MA068　　書名：走出自愛迷思，愛真實的自己

請於此處用膠水黏貼

啟示出版 Apocalypse Press

讀者回函卡

感謝您購買我們出版的書籍！請費心填寫此回函卡，我們將不定期寄上城邦集團最新的出版訊息。

姓名：________________________ 性別：□男 □女

生日：西元__________年__________月__________日

地址：____

聯絡電話：__________________ 傳真：______________

E-mail ：

學歷：□ 1. 小學 □ 2. 國中 □ 3. 高中 □ 4. 大學 □ 5. 研究所以上

職業：□ 1. 學生 □ 2. 軍公教 □ 3. 服務 □ 4. 金融 □ 5. 製造 □ 6. 資訊
□ 7. 傳播 □ 8. 自由業 □ 9. 農漁牧 □ 10. 家管 □ 11. 退休
□ 12. 其他______________________________

您從何種方式得知本書消息？

□ 1. 書店 □ 2. 網路 □ 3. 報紙 □ 4. 雜誌 □ 5. 廣播 □ 6. 電視
□ 7. 親友推薦 □ 8. 其他______________________

您通常以何種方式購書？

□ 1. 書店 □ 2. 網路 □ 3. 傳真訂購 □ 4. 郵局劃撥 □ 5. 其他______

您喜歡閱讀那些類別的書籍？

□ 1. 財經商業 □ 2. 自然科學 □ 3. 歷史 □ 4. 法律 □ 5. 文學
□ 6. 休閒旅遊 □ 7. 小說 □ 8. 人物傳記 □ 9. 生活、勵志 □ 10. 其他

對我們的建議：____

____

____

請於此處用膠水黏貼